AF404292

MAGASIN THÉATRAL

PIÈCES NOUVELLES

JOUÉES SUR TOUS LES THÉATRES DE PARIS.

THEATRE NATIONAL (Ancien Cirque).

L'ARMÉE DE SAMBRE-ET-MEUSE

Drame militaire en 4 actes et 19 tableaux, par MM. Fabrice Labrousse et Frédéric.

PARIS.

LIBRAIRIE THEATRALE, BOULEVARD SAINT-MARTIN, 12.

ANCIENNE MAISON MARCHANT.

1851

MAGASIN THEATRAL

Pièces à 50 centimes.

ALCHIMISTE (l'), drame en 5 actes, par Alex. Dumas.

AMI GRANDET (l'), com.-vaud. en 3 actes.

AMOURS DE PSYCHÉ (les), pièce fantastique en 3 actes.

AMOURS D'UNE ROSE (les), vaudeville en 3 actes.

ANGO, drame en 5 actes, par F. Pyat.

APPRENTI (l'), ou l'Art de faire une Maîtresse, vaud. en 1 acte.

ATAR-GULL, drame en 5 actes.

AUBERGE DE LA MADONE (l'), drame en 5 actes.

AUMONIER DU RÉGIMENT (l'), vaudeville en 1 acte.

AVENTURES DE TÉLÉMAQUE (les), vaud. en 3 actes.

AVEUGLE ET SON BATON (l'), vaudeville en 1 acte.

AVOUÉS EN VACANCES (l'), com.-vaud. en 2 actes.

BADIGEON 1er, vaudeville en 2 actes.

BELLE LIMONADIÈRE (la), com.-vaud. en 3 actes.

BLANCHE ET BLANCHETTE, dr.-vaud. en 5 actes.

BONAPARTE, drame militaire, en 5 actes.

BERGÈRE D'IVRY (la), drame-vaudeville en 5 actes.

BERLINE DE L'ÉMIGRÉ (la), drame en 5 actes.

BRIGANDS DE LA LOIRE (les), drame en 5 actes.

BICHE AU BOIS (la), féerie.

BRELAN DE TROUPIERS (le).

CABARET DE LUSTUCRU (le), vaudeville en 1 acte.

CACHEMIRE VERT (le), 1 acte, Alex. Dumas.

CAS DE CONSCIENCE (un), comédie en 3 actes.

CHEVAL DE BRONZE (le), opéra comique de Scribe.

CHEVAL DU DIABLE (le), drame en 5 actes.

CHALE BLEU (le), comédie en 2 actes.

CHARLOT, comédie en 3 actes.

CLAUDE STOCK, drame en 4 actes.

CHAUFFEURS (les), drame en 5 actes.

CHATEAU DE VERNEUIL (le), drame en 5 actes.

CHATEAU DE SAINT-GERMAIN (le), drame en 5 actes.

CHEF-D'OEUVRE INCONNU (le), drame en 1 acte.

CHIENS DU MONT SAINT-BERNARD (les).

CROMWELL ET CHARLES 1er, drame en 5 actes.

CALIGULA, tragédie en 5 actes, par Alex. Dumas.

CALOMNIE (la), comédie en 5 actes, par Scribe.

CHAMBRE ARDENTE (la), en 5 a. Bayard, Mélesville.

CHRISTINE A FONTAINEBLEAU, drame, par Frédéric Soulié.

CANAL SAINT-MARTIN (le), drame en 5 actes.

CHEVAUX DU CARROUSEL (les), drame en 5 actes.

CHEVALIER DE SAINT-GEORGES (le), c.-v., en 3 a.

CHEVALIER DU GUET (le), comédie en 3 actes.

CHRISTOPHE LE SUÉDOIS, drame en 5 actes.

COLOMBE ET PERDREAU, idylle en 3 actes.

COMMIS ET LA GRISETTE (le), vaud. en 1 acte.

COMPAGNONS (les), ou la Mansarde de la Cité, drame en 5 actes.

CHEVALIER D'HARMENTAL (le), drame en 5 actes, par MM. Alex. Dumas et A. Maquet.

CONSCRIT DE L'AN HUIT (le), com.-vaud. en 2 actes.

CONNÉTABLE DE BOURBON (le), drame en 5 actes.

COMTE HERMANN (le), drame en 5 actes, A. Dumas.

CHERCHEURS D'OR (les), drame en 5 actes.

CAMILLE DESMOULINS, drame en 5 actes.

CHEVALIERS DU LANSQUENET (les), dr. en 5 actes.

CRAVATE ET JABOT, com.-vaud. en 1 acte.

CROIX DE MALTE (la), drame en 3 actes.

CHASSE AU CHASTRE (la), en 3 actes, par A. Dumas.

DEUX ANGES OU MÈRE ET FILLE, c.-vaud. en 3 actes.

DEUX AMOUREUX DE LA GRAND'MÈRE (les), 1 acte.

DISCRÉTION (une), comédie en 1 acte en prose.

DEUX SERRURIERS (les), dr. en 5 actes, F. Pyat.

DEMOISELLES DE SAINT-CYR (les), drame en 5 actes, par Alexandre Dumas.

DEUX DIVORCES (les), vaudeville en 1 acte.

DEMOISELLE-MAJEURE (la), vaudeville en 1 acte.

DOMESTIQUE POUR TOUT FAIRE (un), c.-v. en 1 acte.

DOT DE SUZETTE (la), drame en 5 actes.

DOIGT DE DIEU (le), drame en 1 acte.

DON JUAN DE MARANA, par Alexandre Dumas.

DIANE DE CHIVRY, drame, par Frédéric Soulié.

DUCHESSE DE LA VAUBALIÈRE (la), drame en 5 a.

ÉLÈVE DE SAINT-CYR (l'), drame en 5 actes.

EN PÉNITENCE.

ÉCLAT DE RIRE (l'), drame en 3 actes.

ÉCOLE BUISSONNIÈRE (l'), comédie-vaudeville en 2 actes.

ÉCOLE DU MONDE ou la Coquette sans le savoir, 5 a.

ÉLÉPHANTS DE LA PAGODE (les), en 3 actes.

EMMA OU UN ANGE GARDIEN, comédie en 3 actes.

EMPIRE (l'), comédie en 3 actes et 18 tableaux.

ENFANTS D'ÉDOUARD (les), par Casimir Delavigne.

ENFANTS DE TROUPE (les), vaudeville en 2 actes.

ENFANTS DU DÉLIRE (les), vaudeville en 1 acte.

ESTELLE, comédie, par Scribe.

ÊTRE AIMÉ OU MOURIR, comédie, par Scribe.

EULALIE GRANGER, drame en 5 act s.

EN SIBÉRIE, drame en 3 actes.

ENTRE L'ENCLUME ET LE MARTEAU, vaudeville en 1 a.

ÉTOILES (les), vaudeville en 5 actes.

EXPIATION (une), drame en 4 actes.

FACTION DE M. LE CURÉ (la), vaudeville en 1 acte.

FAMILLE DU MARI (la), comédie en 3 actes.

FRÈRES CORSES (les), drame en 3 actes.

FAMILLE MORONVAL (la), drame en 5 actes.

FAMILLE DU FUMISTE (la), vaudeville en 2 actes.

FARGEAU LE NOURRISSEUR, comédie-vaudeville en 2 a.

FILLE A NICOLAS (la), comédie-vaudeville en 3 actes.

FILLE DE L'AVARE (la), comédie-vaud. en 2 actes.

FILLE DE L'AIR (la), féerie en 3 actes et 11 tableaux.

FILETS DE SAINT-CLOUD (les), drame en 5 actes.

FRANÇOIS JAFFIER, drame en 5 actes.

FRÉTILLON, comédie-vaudeville en 3 actes.

FIOLE DE CAGLIOSTRO (la), vaudeville en 1 acte.

FOLLE DE WATERLOO (la), d.-vaudeville en 2 actes.

FORTE-SPADA, drame en 5 actes.

FABIO LE NOVICE, drame en 5 actes.

FILS DE LA FOLLE (le), dr. en 5 actes, par F. Soulié.

FILS D'UNE GRANDE DAME (le), 2 actes.

FILLE DU RÉGENT (la), com. en 5 actes, A. Dumas.

GRANDE HISTOIRE (une), comédie en 5 actes.

GARÇONS DE RECETTE (le), drame en 5 actes.

GARS (le), drame en 5 actes.

GASPARD HAUSER, drame en 5 actes.

GRAND'MÈRE ou 3 amours (la), 3 actes, Scribe.

GENEVIÈVE DE BRABANT, mélodrame 4 actes.

GAZETTE DES TRIBUNAUX (la), vaud. 1 acte.

L'ARMÉE DE SAMBRE-ET-MEUSE,

DRAME MILITAIRE EN 4 ACTES ET 19 TABLEAUX,

PAR

MM. FABRICE LABROUSSE ET FRÉDÉRIC,

Mise en scène de **M. ALBERT**, Divertissement de **M. ADRIEN**, Musique de **M. FESSY**

Décorations de **M. WAGNER, CHERET, DUFLOCQ** et **MOYNET**.

REPRÉSENTÉ, POUR LA PREMIÈRE FOIS, A PARIS, SUR LE THÉATRE-NATIONAL (ANCIEN CIRQUE),

LE 16 FÉVRIER 1851.

PERSONNAGES.	ACTEURS.	PERSONNAGES.	ACTEURS.
HOCHE	MM. COULOMBIER.	M. DE SAARDORFF	FÉLIX MARTIN.
PICHEGRU	EDMOND GALAND.	LE MAIRE DE THIONVILLE.	PATONNELLE.
LENOIR	WILLIAMS.	MAITRE JEAN	CASSARD.
HENRI	PASTELOT.	UN PLÉNIPOTENTIAIRE.	LASNIER.
DELLART (soldat)	THÉOL.	AIDE DE CAMP	TISSIER.
LE GÉNÉRAL LEVENEUR.	LEMADRE.	JEAN GOUDRON	LEBEL.
LE GÉNÉRAL DUMOURIEZ.	GAUTIER.	BASTIEN	FRÉDÉRIC.
PLATERPOOP (soldat)	AMÉDÉE ROQUE.	VANDERBECK	FERDINAND.
HUBERT	ÉDOUARD.	HUYSMANSS	DARCOURT
LE ROI DE PRUSSE	BRÉMONT.	EDOUARD	MAXIME.
L'EMPEREUR D'ALLEMA-GNE	AMELINE.	UN ANGLAIS	LAINÉ.
LE PRINCE CHARLES. KERKADEK	SALLERIN.	MAD. GIRAUD	Mlles UZANNAZ.
LE DUC DE BRUNSWICK	NOEL.	LOUISE	MEIGNAN.
LE GÉNÉRAL L***	JULIEN MARY.	HERMINIE	DUFOSSÉ.
LE DUC D'YORK	COCHET.	JEANNETTE	O. ROBERT.
		JACQUELINE	LÉONTINE.

ACTE PREMIER.

Premier Tableau

En 1789. — Le cours de Versailles. — A droite du public, une boutique de fruitière. — A gauche, un marchand de vins.

SCÈNE PREMIÈRE.

Au lever du rideau, des GARDES FRANÇAISES sont attablés devant la porte du marchand de vin.

DELLART. Cap de bious! depuis le temps que nous attendons ces Américains, comme on les appelle, ces volontaires qui reviennent de se battre dans le nouveau-monde avec le marquis de Lafayette, pour l'indépendance des Iroquois, nous avons vidé pas mal de rasades à notre propre gloire. — Voyons, sans modestie, foi de Gascon (*élevant son verre*), à la plus belle compagnie du plus beau régiment de l'Europe, à nous!

TOUS, *trinquant.* Aux gardes françaises de Versailles!

1er BUVEUR. Eh! les voilà... ces soldats de l'autre monde!

SCÈNE II.

LES MÊMES, DES VOLONTAIRES D'AMÉRIQUE, *puis* Mme GIRAUD.

1er VOLONTAIRE. Allons, allons, les enfants, sommes-nous prêts? le vin est-il tiré? vite, dépêchons... on vous apporte des gosiers secs et des estomacs creux.

2e VOLONTAIRE. Ah! c'est que nos marches et contremarches, nos batailles, victoires et voyages, nous ont un peu chatouillé l'appétit!... Ce n'est pas comme vos parades de garnison dans ce pays royal et pacifique.

UN GARDE FRANÇAISE. En font-ils de l'embarras! en font-ils!

DELLART. Tout doux, les amis; on vous a invités à déjeuner pour votre bienvenue, c'est dit. (*Frappant sur la table.*) Eh! la voisine, la mère Fraîchecueillie!

MAD. GIRAUD, *sortant de sa boutique.* Qu'est-ce que c'est? qu'est-ce que c'est? encore monsieur Dellart! est-ce que ça vous écorcherait la bouche de m'appeler madame Giraud?

DELLART. Avancez à l'ordre, belle fruitière; il nous faut tout ce que vous avez de mieux en fruits, légumes, comestibles de toute saison et volaille de tout sexe...

MAD. GIRAUD. Eh! il y a longtemps que tout ça est porté chez le marchand de vins.

DELLART. En ce cas, allons déjeuner, et vous nous enverrez la petite pour nous servir.

MAD. GIRAUD. La petite? Quelle petite?

DELLART. Eh bien, votre jolie fille ou filleule, Héloïse, Louise, Lise...

MADAME GIRAUD. De quoi? pas gêné, le Gascon!... il y a assez de garçons là-haut; monsieur Léveillé!

DELLART. C'est bon, c'est bon, maman Verjus... Allons, les Américains, passez devant, et vive la joie! (*Les militaires entrent chez le marchand de vins, et madame Giraud rentre dans sa boutique.*)

SCÈNE III.

UN SERGENT DE VOLONTAIRES AMÉRICAINS, LENOIR. (*Ils entrent par le fond.*)

LE SERGENT. Halte, jeune clampin, halte!

LENOIR. J'allais vous le dire, sergent; car c'est ici que j'ai affaire. (*Il regarde dans la boutique de la fruitière, puis au dehors.*)

LE SERGENT. Me voilà donc à Versailles!...

dans cette ville si vantée... séjour de grandeur!... et de décadence. Ah! la liberté qui arrive avec nous d'Amérique pourrait bien s'acclimater ici!... ma foi, ce serait une belle chance pour nous autres, gens de rien, comme on dit, obscurs, dédaignés... et qui nous sentons quelque chose là! (*A Lenoir.*) Eh bien, l'ami, qu'est-ce que tu regardes donc aux environs?...

LENOIR. Chut! je vous en prie; je cherche à découvrir une jeune fille...

LE SERGENT. Ah! ah! mons Leblanc est amoureux?

LENOIR. Ne m'appelez donc pas Leblanc, sergent, si ça vous est égal... vous savez bien que j'ai quitté ce nom-là depuis le petit accident arrivé à feu mon père, le fermier général...

LE SERGENT. Ah oui... cette banqueroute frauduleuse.

LENOIR. Chut donc, sergent!... si on savait ça, ça m'empêcherait de faire mon chemin... aussi, pour dérouter les gens, j'ai pris un nom tout opposé... je m'appelle Lenoir... moyennant quoi, j'espère bien arriver. J'ai déjà un petit emploi dans les fournitures que vous m'avez fait obtenir par le marquis de Lafayette, qui vous distingue... Moi aussi, je vous distingue, sergent.

LE SERGENT. Bien flatté.

LENOIR. Je crois que vous avez beaucoup de capacité, beaucoup d'audace, beaucoup de finesse, beaucoup d'ambition; pas beaucoup de scrupules, par exemple!

LE SERGENT. Hein?

LENOIR. Ce qui fait que nous nous convenons; aussi, je m'attache à vous, et je me fais votre protégé.

LE SERGENT. Eh bien, ne vous gênez pas.

LENOIR. Ah! je peux vous servir; montez; je tiendrai l'échelle, et vous me tirerez après vous.

PICHEGRU. Le drôle! (*On entend un bruit de querelle chez le marchand de vin.*) Oh! oh! que de bruit!

SCÈNE IV.

LES MÊMES, HENRI.

LE SERGENT, *apercevant Henri.* Eh! l'ami!

HENRI. Plaît-il?

LE SERGENT. Que se passe-t-il donc là haut?

HENRI. On se dispute.

LE SERGENT. On a tort; remonte, et dis-leur de se taire.

HENRI. Mais...

LE SERGENT. Eh bien?

HENRI. Je ne vous connais pas.

LE SERGENT. Ne vois-tu pas ces galons?

HENRI. Je ne vois pas notre uniforme.

LE SERGENT. Eh! parbleu, celui-ci le vaut bien, je pense, usé par les fatigues et déchiré par les balles, tandis que le vôtre est aussi neuf que votre drapeau.

HENRI. Sergent!

LE SERGENT. Allons, veux-tu m'obéir, oui ou non?

HENRI. Je n'obéis qu'à mes chefs.

LE SERGENT. Ah! tu fais le crâne! eh bien, nous allons voir. (*Il dégaîne.*)

LENOIR. Une épée nue! sergent, au nom du ciel!...

HENRI, *se mettant en garde.* N'approchez pas, ou morbleu! (*Pendant les dernières répliques, les militaires sont sortis de chez le marchand de vin.*)

SCÈNE V.

LES MÊMES, DELLART, GARDES FRANÇAISES, VOLONTAIRES AMÉRICAINS, *puis un* SERGENT DE GARDES FRANÇAISES.

DELLART. Holà, tout doux, sergent hétérogène! ne vous échauffez donc pas la bile... c'est malsain dans ce pays-ci.

LE SERGENT. A qui en as-tu, toi?

DELLART. Est-ce que le soleil d'Amérique vous a tapé sur la coloquinte? Attaquer notre camarade Henri, le plus brave garçon du régiment! Tonnerre de Dious! un peu de concorde, ou voici une lame qui vous apprendra à vous tenir tranquille.

LENOIR. Si c'est comme ça qu'il prêche la concorde!

LE SERGENT. Ah! vous n'êtes pas contents, vous autres? eh bien, à la bonne heure! Allons, mes braves, ces fainéantslà veulent qu'on leur taille de la besogne!

HENRI. A nous, camarades! (*Toutes les épées sortent du fourreau.*)

LENOIR. Miséricorde! au secours!

LE SERGENT DE GARDES FRANÇAISES, *entrant.* Qu'est-ce que c'est? qu'est-ce que vous faites?

DELLART. Cap de Dious, mon sergent, ce sont ces nouveaux débarqués... j'ai trouvé Henri sur la défensive.

LE SERGENT DE GARDES FRANÇAISES. Henri! mon ami, mon frère!

HENRI. Oh! je m'en serais bien tiré tout seul, et s'ils le veulent absolument...

LE SERGENT DE VOLONTAIRES. Parbleu! c'est dit! (*Ils se remettent tous en garde.*)

LE SERGENT DE GARDES FRANÇAISES, *se jetant au milieu d'eux.* Arrêtez!.. arrêtez,

vous dis-je... l'épée au fourreau, camarades.. toi Henri, le premier — obéissez — une querelle! ici!

LE SERGENT DE VOLONTAIRES. Eh bien oui, une querelle... après?

LE SERGENT DE GARDES FRANÇAISES. Après?.. (*Se contenant*) Je ne veux pas savoir qu'est-ce qui a tort... que nous reprochez-vous? nous vous avons reçus à bras ouverts... nous rendons just ce aux coups que vous avez frappés pour la délivrance d'un autre peuple; mais parce que la fortune vous a servis, en abuserez-vous contre des compatriotes qui vous valent bien, et qui le prouveront... (*Mouvement.*) Pas ici, mais sur le champ de bataille, dès qu'on voudra nous en ouvrir un.

TOUS. Oui, oui, bien dit, sergent.

LE SERGENT DE GARDES FRANÇAISES, *à ses soldats.* Et maintenant, à la caserne.

LE SERGENT DE VOLONTAIRES. C'est bon... allez, vous autres. (*Les soldats se dispersent. Au Sergent de gardes françaises.*) Tu parles assez bien, toi; mais nous verrons, dans l'occasion, comment tu sais agir.

LE SERGENT DE GARDES FRANÇAISES. Quand tu voudras. — Ton nom, sergent?

LE SERGENT DE VOLONTAIRES. Pichegru; et le tien, sergent?

LE SERGENT DE GARDES FRANÇAISES. Hoche.

PICHEGRU. Sergent Hoche, nous nous reverrons.

HOCHE. A la bonne heure, sergent Pichegru. (*Pichegru sort.*)

SCÈNE VI.

HOCHE, Mme GIRAUD, LENOIR, *au fond.*

Mme GIRAUD. Qu'est-ce que j'ai entendu, fiston?.. du tapage, des querelles!

HOCHE. Ce n'est rien, ma bonne tante.

Mme GIRAUD. Mais notre Henri qui est si vif....

HOCHE. J'ai eu de la prudence pour lui; dites-moi, bonne mère, Louise n'est pas rentrée du marché?

Mme GIRAUD. Pas encore.

HOCHE. On dit que Paris est en fermentation, à cause de ces mouvements de troupes qui se concentrent autour de la capitale... Dites à Louise de se renfermer, et de prendre bien garde...A bientôt, ma tante. (*S'arrêtant au fond en apercevant Lenoir, à part.*) Quel est donc ce particulier qui rôde par ici depuis quelque temps? (*Il regarde fixement Lenoir.*)

LENOIR, *saluant.* Sergent, votre serviteur de tout mon cœur.

HOCHE. Je ne suis pas le vôtre. (*Il sort.*)

SCENE VII.

LENOIR, Mme GIRAUD.

LENOIR. C'est brusque, et peu poli ...

Mme GIRAUD. Ah ! c'est vous, monsieur Lenoir ? arrivez donc, je vous attends.

LENOIR. J'étais là... j'ai même contribué à rétablir la paix.... au diable les querelles !....

Mme GIRAUD. A présent que nous sommes seuls, voyons, mon cher monsieur, notre marché tient-il toujours ?

LENOIR. Assurément. Je vous ai dit que j'étais fournisseur des vivres pour une partie de la garnison... et qu'en conséquence, je pourrais m'arranger avec vous pour quelques provisions.

Mme GIRAUD. Eh ! eh ! farceur que vous êtes !

LENOIR. Plaît-il ?

Mme GIRAUD, *le poussant de l'épaule*. On vous a deviné... hypocrite !

LENOIR. Comment cela ?

Mme GIRAUD. Je sais bien que tout ce que je vends est de première qualité... mais ce n'est pas ça qui vous attire ici, et qui vous fait rouler des yeux à travers les carreaux de ma boutique.

LENOIR. Moi, je roule des yeux !..

Mme GIRAUD. Parlons franchement ; vous en tenez pour Louise.

LENOIR. Mais...

Mme GIRAUD. Il n'y a pas grand mal, jeune homme ; vous paraissez à votre aise... nos professions se touchent... de vivres à vivres, il n'y a que la...

LENOIR. Il n'y a que la bouche.

Mme GIRAUD. Et comme j'ai hâte d'établir la petite...

LENOIR, *à part*. L'établir ! comme elle y va. (*Haut.*) Ce n'est pas votre fille pourtant ni votre nièce.... comment se trouve t-elle auprès de vous ?

Mme GIRAUD. Ah !.. c'est une histoire bien triste... Autrefois, il y a de ça quatorze ans, j'avais pour voisin le père Bastien, un brave militaire, père de famille... un jour qu'il était à Paris, sa sœur, une jolie et honnête fille, fut enlevée par un scélérat de la haute volée, un gros fermier général nommé Leblanc...

LENOIR. Oh !

Mme GIRAUD. Oui, monsieur Lenoir... je le vois, vous êtes indigné comme moi... Bastien, au désespoir, eut l'imprudence de tirer l'épée...

LENOIR. Contre mon p... contre le fermier-général ?

Mme GIRAUD. Eh ! non... le coquin, avait disparu... mais il avait pour ami, pour com-

plice autant dire, le colonel même de Bastien, un de ces mauvais sujets qui achetaient leurs régiments, et ce fut à lui que le pauvre comme égaré alla demander raison.

LENOIR. Oh ! quelle affaire !

Mme GIRAUD. Oui, quelle affaire ! arrêté, jugé, condamné à mort.. mais il avait des amis... un si brave homme ! on trouva moyen de le faire évader, et il put se réfugier en Hollande... laissant ici sa femme et trois enfants... la pauvre femme est morte de chagrin un an après... alors, je pris avec moi Henri, le plus jeune des garçons, avec la petite Louise, et je les ai élevés avec mon neveu... on leur a appris à lire, à écrire... la petite m'est très-utile, à moi qui ne sais rien de tout ça... et grâce à elle, mon commerce a prospéré.

LENOIR. Ah ça ! et le troisième enfant ?

Mme GIRAUD. Oh ! celui-là ne doit manquer de rien... un frère de sa mère l'a emmené dans sa ferme du Bocage en Vendée.

LENOIR. Ainsi, la petite Louise n'a que vous dans le monde ?

Mme GIRAUD. C'est pour ça que je veux la marier... eh ! eh ! la mère Giraud a bien quelque part un petit magot, comme qui dirait une dot de deux mille livres... hein ? (*Elle le regarde d'un air triomphant.*)

LENOIR, *à part*. Merci ! la belle chose pour un homme qui peut parvenir à tout, en restant garçon, bien entendu.

Mme GIRAUD, *à part*. Ma proposition l'a ébloui. (*Voyant entrer Louise.*) Ah ! la voici, cette chère enfant.

SCENE VIII.

LES MÊMES, LOUISE. (*Elle entre en chantant, elle a un panier au bras.*)

LOUISE. Tra, la, la, la... bonjour, bonne mère... voilà vos provisions.

Mme GIRAUD. Comme tu as été longtemps !

LOUISE. C'est que la ville a un air tout agité.... on va, on vient... je ne sais pourquoi.

Mme GIRAUD. Encore des inquiétudes qui vont faire tort au commerce !

LOUISE, *déposant son panier sur un banc*. J'ai rencontré mon frère Henri... Où donc est mon autre frère, votre neveu ? qui est si bon, si obligeant !

Mme GIRAUD. Oh ! quant à ça, c'est la perle des garçons.

LENOIR, *au fond*. C'est de moi qu'on parle... le moment est favorable ; et puisque la petite sait lire.... (*Il glisse un billet dans le panier.*)

Mme GIRAUD. Eh bien, où est donc notre homme ? (*Elle se retourne.*)

LENOIR, *à part.* Oh! j'ai manqué d'être pris.

Mme GIRAUD. Ah! le voilà... mon enfant, c'est M. Lenoir... un gros fournisseur...

LENOIR, *saluant.* Mademoiselle...

LOUISE, *à part.* Ah! mon Dieu! c'est lui!

LENOIR, *à part.* Elle m'a reconnu.

Mme GIRAUD. Une bonne pratique, que nous servirons de notre mieux.

LOUISE, *contrariée.* Certainement... monsieur...

LENOIR. Mademoiselle, je ne veux pas être indiscret dans une première visite... J'espère la renouveler le plus souvent possible, avec la permission de l'excellente madame Giraud... (*Bas à Louise et s'approchant d'elle.*) Vous aurez bientôt de mes nouvelles... (*Il indique le panier du regard.*)

LOUISE. Plaît-il?

LENOIR, *de même.* Quoi qu'il arrive, ne vous fiez qu'à moi seul.

LOUISE. Comment?

LENOIR, *voyant que la fruitière se retourne.* Chut! ne me trahissez pas... (*Il s'éloigne et rencontre Hoche qui revient.*) Sergent, votre serviteur, de tout mon cœur.

HOCHE. Encore ici! (*Lenoir sort.*)

SCÈNE IX.

Mme GIRAUD, LOUISE, HOCHE.

LOUISE, *allant au-devant de Hoche.* Ah! c'est vous!...

HOCHE. Chère Louise!

Mme GIRAUD. Eh bien, quelles nouvelles?

HOCHE. Faut-il vous le dire, ma tante? Je crois que nous touchons à quelque grand événement, à une crise grave... et si cela arrive, qui sait où la destinée pourra nous entraîner tous? C'est pour cela qu'il est temps de parler... Ma tante, le moment est venu d'assurer le sort d'une orpheline qui nous est bien chère, de votre enfant d'adoption... de Louise enfin...

LOUISE. De moi?...

Mme GIRAUD. Ta, ta, ta, ta! crois-tu qu'on n'y ait pas pensé?

HOCHE. Vraiment? vous...

Mme GIRAUD. Ce qu'il faut à ma Louise, par le temps où nous vivons, c'est un protecteur, un mari...

HOCHE. Oh! oui, ma tante, un bon mari.

Mme GIRAUD. Et j'ai idée... que je l'ai trouvé.

LOUISE. Que dit-elle?

Mme GIRAUD. Quelqu'un qui l'aime, bien entendu... j'ai deviné... j'ai deviné...

HOCHE, *avec joie.* Ah! ma bonne tante, j'en étais sûr!...

Mme GIRAUD. De quoi?

HOCHE. Que vous devineriez mon amour!..

Mme GIRAUD. Ton amour?

LOUISE. Ah!

HOCHE. Oui, je le dis devant elle, un amour qui fait partie de mon existence, et qui a grandi avec moi; mon Dieu! je n'en ai rien dit jusqu'à ce jour; la voir, lui parler, vivre près d'elle, c'était assez pour moi; mais je me vois menacé d'une séparation... Oh! alors, ce n'est plus seulement un ami, un frère.. c'est un amant qui réclame le droit de lui consacrer sa vie.

LOUISE. Ah! mon ami!

HOCHE. Vous voyez, ma tante; elle m'aime aussi..

Mme GIRAUD. Eh bien, c'est heureux!... toi son mari! Allons donc!...

HOCHE. Ma tante...

Mme GIRAUD. Cent écus par an et deux galons... quel fonds de ménage! S'il veut t'épouser, mon enfant, qu'il commence donc par renoncer à son bel état militaire...

HOCHE. Moi! y renoncer! mais vous ne savez donc pas que la guerre est le rêve de ma vie? Étant enfant, je m'armais déjà pour protéger Louise; le son d'un trompette me fait tressaillir. La vue d'un drapeau m'exalte et m'enthousiasme; dans ces livres que vous m'avez achetés, je pleure aux récits héroïques, aux faits d'armes des grands capitaines... enfin, que vous dirai-je? Louise remplit mon cœur; et la gloire, oui, la gloire enivre ma tête!

Mme GIRAUD. Ta, ta, ta, ta, enfantillage! Tout ça se guérira, il le faut.

HOCHE. Mais enfin, ma tante...

Mme GIRAUD. Ah çà, écoutez. La mère Giraud est une honnête femme, qui n'a qu'une parole... Je me rappelle ce pauvre Bastien, ton père, quand il est parti en me recommandant ses deux enfants... Et ta mère, la sainte femme, quand elle allait mourir, et que je lui promis, devant le bon Dieu, d'élever sa fille comme la mienne, et de la rendre heureuse...

HOCHE. Eh bien?

Mme GIRAUD. Qu'est-ce que ça voulait dire, ça? Que je lui choisirais un mari capable de lui assurer un sort, et non pas un sergent qui ferait de sa femme une cantinière ou une veuve... Et je manquerais à cette promesse-là, parce qu'il s'agit de mon neveu!... Non, ce serait mal... on me dirait que je suis une égoïste; je ne le veux pas.

HOCHE. Quel entêtement!... mais alors, cet autre dont vous parliez, cet homme qui l'aime, quel est-il?

LOUISE. Oui, quel est-il?

Mme GIRAUD. C'est bon, c'est bon... on s'expliquera plus tard... Allons à notre ouvrage.

HOCHE. Mais, ma tante...

Mme GIRAUD. Mais, mon neveu, tu me laisseras bien faire mon commerce. Voyons, Louise, les provisions. (*Elle prend le panier et l'ouvre.*) Tiens, un papier !... de l'écriture, ça te regarde. (*Elle donne le papier à Louise.*) Quelque note, quelque mémoire ; il faut toujours payer comptant, ma fille, ça fait plaisir aux marchands , j'en sais quelque chose... Allons, viens, suis-moi.

HOCHE. Mais, ma tante...

Mme GIRAUD. C'est bon, c'est bon... (*Elle rentre dans la boutique.*)

HOCHE. Chère Louise !... A présent tu connais mon secret ; rien ne peut me forcer de renoncer à toi... va, quelque chose me dit que je parviendrai ou que je mourrai... Mais ce rival dont elle me parle !...

LOUISE, *qui a déplié machinalement le papier.* Ah! je crains bien de l'avoir deviné.. un homme qui, depuis quelques jours , se trouve sans cesse sur mon passage... Ce matin encore...

HOCHE. Quoi! ce serait ce particulier que j'ai trouvé ici ?

LOUISE, *qui a ouvert le papier.* Que vois-je?...

HOCHE. Plaît-il ?

Mme GIRAUD, *dans la boutique, appelant.* Louise ! Louise !

LOUISE. J'y vais, ma mère, j'y vais... (*A Hoche en lui remettant le billet.*) Tiens... Ah! quelle indignité! (*Elle sort.*)

SCENE X.

HOCHE , *puis* LENOIR.

HOCHE, *seul.* Qu'est-ce que cela?... (*Lisant.*) « Mademoiselle , l'ardeur de mon
» amour ne me permet pas d'attendre l'effet
» des bontés de votre mère... il faut que je
» vous voie ce soir, en secret, et que je
» vous confie mes projets pour votre bon-
» heur... Je suis riche, généreux... votre
» sort pourra faire des jalouses, si vous vou-
» lez m'accorder une confiance absolue.....
» Votre adorateur passionné.... Lenoir. »
L'infâme !

LENOIR , *entrant, à part.* Je viens chercher ma réponse.

HOCHE, *l'apercevant.* Ah! le voilà...

LENOIR , *à part.* Encore le sergent !... (*Haut.*) Votre serviteur, de tout mon cœur.

HOCHE. Je suis bien aise de vous rencontrer, mon cher monsieur... J'ai un compliment à vous faire...

LENOIR. A moi ? sur quoi, sergent ?

HOCHE. Eh mais... sur votre style épistolaire... Tenez. (*Il lui montre le billet.*)

LENOIR , *à part.* Mon billet! (*Haut.*) Mon Dieu... que voulez-vous?... L'admiration... quand on a un cœur...

HOCHE. Du cœur, vous !... c'est ce que nous allons voir.

LENOIR. Hein ?

HOCHE. Tu vas me rendre raison...à l'instant !

LENOIR. Comment ?.. mais de quel droit?...

HOCHE. Cela me regarde. ..

LENOIR. Un moment... je ne suis pas militaire... je n'ai pas d'épée...

HOCHE. Les camarades t'en fourniront... Tiens, justement, en voici une.

SCENE XI.

LES MÊMES , HENRI.

HENRI. Qu'y a-t-il donc ?

HOCHE. C'est ce misérable qui s'est permis d'insulter Louise.

HENRI. Qu'entends-je? insulter ma sœur !

LENOIR. Sa sœur à présent.

HOCHE. Laisse-moi faire, je la vengerai !

HENRI. Non, c'est moi son frère.

LENOIR, *à part.* Je ne peux pas l'échapper...

HOCHE. Eh bien soit, je t'abandonne ce drôle.

HENRI. Tu seras mon témoin... (*A Lenoir.*) Allons, toi, choisis le tien.

SCENE XII.

LES MÊMES , PICHEGRU.

PICHEGRU. Un témoin ? pour qui ?

LENOIR. Ah ! sergent Pichegru, protégez-moi, sauvez-moi, ne me laissez pas massacrer !

PICHEGRU. Comment ?

HENRI. C'est un duel qu'on lui offre...

PICHEGRU. Eh bien, il a trois ans de salle.

LENOIR , *à Pichegru.* Ne dites donc pas ça...

HOCHE. Une offense qu'il faut châtier...

PICHEGRU , *à Hoche.* Ah ! vous en êtes, vous , sergent... en ce cas, cela peut s'arranger.

LENOIR. Ah! quel bonheur !

PICHEGRU , *à Hoche.* Franchement, cher collègue , vous me déplaisez.

HOCHE. Ma foi, vous aussi.

PICHEGRU. Eh bien , c'est dit, qu'ils se battent ensemble... et nous, sergent contre sergent.

LENOIR. Hein ? c'est comme ça que vous arrangez les affaires ?

HOCHE. Ça me va... partie à quatre ?

PICHEGRU, *prenant l'épée d'un soldat qui s'est arrêté au fond avec quelques autres. A Lenoir.* Allons, en garde! et soutenez notre honneur à tous deux.

LENOIR, *à part.* Il faut d'abord que je me soutienne moi-même.

HENRI, *à Lenoir.* Au premier sang!

LENOIR. Au premier sang!... Il y en aura donc?

PICHEGRU, *à Hoche.* Y êtes-vous?

HOCHE. Oui. (*Ils croisent le fer.*)

LENOIR, *à Henri.* Moi, je n'y suis pas.

HENRI. Eh! morbleu! défends-toi, misérable. (*Ils croisent le fer.*)

PICHEGRU, *à Hoche.* Touché! (*Il s'arrête.*)

HOCHE. C'est vrai... (*Portant la main à son front.*) Une balafre!

PICHEGRU. Nous nous reconnaîtrons.

LENOIR. Au premier sang... alors, c'est fini.

HENRI. Comment, drôle?... (*Roulement de tambour au lointain.*) Qu'est-ce que cela?...

SCÈNE XIII.

LES MÊMES, DES SOLDATS *arrivant de toute part*, Mme GIRAUD, LOUISE.

Mme GIRAUD, *courant à Hoche.* Ah! mon Dieu! ils se battaient!...

LOUISE. Il est blessé!

HOCHE. Ce n'est rien.

UN ADJUDANT, *entrant vivement.* Soldats! à vos rangs.

HENRI. Qu'y a-t-il donc?

L'ADJUDANT. Pas de questions, pas de murmures... vous allez partir.

TOUS. Partir!

L'ADJUDANT. C'est l'ordre du général.

PICHEGRU. Pour Paris?

L'ADJUDANT. Vous le saurez.

HOCHE, *à Henri.* Qu'est-il donc arrivé?

UN SOLDAT, *bas à Hoche et à Pichegru.* Je le sais, moi! on dit que la Bastille est assiégée.

PICHEGRU. La Bastille!

LE SOLDAT. Chut!

PICHEGRU, *à part.* Une révolution! quelle perspective pour nous autres!

HOCHE. Quel avenir pour la France!... (*Second roulement de tambour.*)

HOCHE. Au revoir, Louise, au revoir, mère Giraud. (*Henri les embrasse. — Changement.*)

<hr>

Deuxième Tableau.

CAMPEMENT DANS UNE FORÊT.

La scène se remplit de soldats de diverses armes, de gardes nationaux; de volontaires, la plus grande partie s'arrête sur le théâtre; d'autres en traversent le fond. Le général Leveneur entre, et fait signe à des tambours qui exécutent un roulement, quelques soldats se mettent en ligne; le plus grand nombre reste en place sans former les rangs.

SCÈNE PREMIÈRE.

LE GÉNÉRAL LEVENEUR, SOLDATS, GARDES NATIONAUX, VOLONTAIRES.

LE GÉNÉRAL LEVENEUR. Soldats, gardes nationaux, volontaires, vous allez attendre ici de nouveaux ordres, et nous ne tarderons pas à marcher en avant. Vous êtes accourus sous le drapeau avec cet enthousiasme qui exalte toute la France!... ne vous laissez pas décourager par des fatigues auxquelles vous serez bientôt accoutumés, par ces bruits inquiétants que répandent nos ennemis. Dumourier va se réunir à Kellermann et à Beurnonville, dont vous allez renforcer le corps d'armée. Alors, on verra si les puissances coalisées restent longtemps sur notre territoire.

UN SOLDAT. Général Leveneur, est-il vrai que les Prussiens soient aux portes de Verdun?

LEVENEUR. Oui, après?

LE SOLDAT. S'ils entrent dans la ville?

LEVENEUR. Eh bien! après?

1er SOLDAT. On les en ferait sortir, voilà tout.

LEVENEUR. Bien répondu, jeune homme! mon espérance va plus loin, c'est que ces Prussiens et ces Autrichiens qui ont envahi la France, y resteront par milliers.

LE SOLDAT. Prisonniers?

LEVENEUR. Ou morts. Allons, enfants, que ceux qui pourraient craindre se rassurent; que ceux qui doutent se taisent; et bientôt, on n'entendra plus qu'une seule voix, celle de la victoire! le 2me bataillon des volontaires de *la Haute-Vienne* doit être arrivé?

UN CAPITAINE. Je suis son commandant.

LEVENEUR. Votre bataillon est-il nombreux?

LE CAPITAINE. Huit cents hommes.

LEVENEUR. Le 3me vous suit-il de près?

LE CAPITAINE. Il arrivera demain, et le 4me doit être en marche; nous sommes venus avec le 1er bataillon du *Lot*, et le 1er de la *Corrèze*. Nous allons être rejoints, ce que vous savez sans doute, par un bataillon d'agricoles.

LEVENEUR. Ah! les braves paysans avec leurs faux, leurs fourches, et au besoin avec des bâtons! Car si, comme l'a dit un poëte ancien, la fureur trouve partout des armes, à plus forte raison le patriotisme. Au revoir, enfants. (*Le général sort, les soldats se mêlent.*)

SCÈNE II.

SOLDATS, GARDES NATIONAUX, VOLONTAI-
RES, DELLART, PLATERPOOP.

UN SOLDAT. Dites donc, vous autres, voilà
le volontaire gascon avec son ami le Flamand...
je parie qu'il vient encore de lui donner une
leçon d'armes... en voilà un qui ne manque
pas de bec!

DELLART, à *Platerpoop, en entrant.* Je te
le dirai jusque dans l'autre monde, Flamand
de la Flandre que tu es, tu n'as pas assez
d'énergie dans le mouvement.

PLATERPOOP. Pourquoi faire, l'énergie,
fils?

DELLART. Comment! pourquoi faire?
pour surprendre ton ennemi, pour l'inti-
mider, pour le vaincre!...

PLATERPOOP. Vraiment, fils? tu as peut-
être raison, savez-vous?

DELLART. Crrr quel calme!... je vous en
fais juges.

PLATERPOOP. Oh!... je ne m'échauffe pas
moi, savez-vous?

DELLART. Son savez-vous me démonte! on
ne peut pas dire, mordious, que le soleil du
midi se soit promené sur ta cervelle! C'est
égal, tu me vas... je t'ai vu, il y a quelques
jours, dans une bagarre où pas mal de têtes
ont été cassées... tu as tenu ferme et d'a-
plomb, quoiqu'au commencement de la comédie, tu te sois absenté une minute... j'ai
compris... tu as l'inconvénient du fameux
Turenne, au moment d'une bataille; bref, je
t'ai accordé mon estime, et tu es l'ami de
Dellart, comme le Castor avec Pollux, volontaires jumeaux de l'antiquité... Ah! seulement, chose, dis-moi donc ton nom... je ne
peux pas le retenir.

PLATERPOOP. Platerpoop (*rire général*),
oui, c'est mon nom, savez-vous? Je ne me
le suis pas donné, je l'ai trouvé tout fait en
venant au monde... c'est le nom de mon père,
brasseur, tout près de Lille, en Flandre.

DELLART. Et tu as quitté ta brasserie à
l'appel de la France?... vous voyez que malgré son air pacifique, il a de l'enthousiasme.

PLATERPOOP. De l'enthousiasme?... non,
pas un brin... ce n'est pas ça; mais un matin
je me suis dit: Ah çà! voyons, pourquoi les
étrangers viennent-ils chez nous, fils? nos
affaires ne les regardent pas... ils m'ont fait
l'effet, savez-vous, de fouines, de chats sau-
vages et autres animaux nuisibles, qui viendraient gaspiller le houblon de la brasserie;
alors, j'ai pensé qu'il fallait les détruire... et
j'ai dit à mon père: Je crois que je vais partir, fils; et mon père m'a répondu: Pars,
mon garçon... et je suis parti... voilà.

DELLART. Il a un flegme qui m'étonne...

on croirait que nous ne pouvons pas vivre
ensemble, vu la différence de nos caractères...
erreur! il me plaît, sacredious! j'aime à lui
donner des leçons... montre donc comme je
t'ai appris à rester en position... (*Platerpoop
se met en garde.*) La... pas tant de roideur...
c'est un défaut dont j'aurai de la peine à le
corriger... (*Aux autres pendant que Platerpoop reste en position.*) Je me rappelle que
mon oncle, qui était prévôt dans le régiment
de Rouergue, me recommandait toujours une
extrême souplesse... (*A Platerpoop.*) Attention!... tu laisses retomber ton bras.

PLATEPOOLP. C'est fatigant, savez-vous?

DELLART. Tiens, si je le sais, je crois
bien. (*Aux autres.*) Il disait qu'un homme
souple avait un avantage immense pour pa-
rer, pour esquiver un coup... Tiens, vous
avez des bouteilles, vous autres?

LE SOLDAT. Et il y a encore du vin, si le
cœur t'en dit.

DELLART. Ah! le cœur! je le garde pour
le vin de mon pays; mais bah! à la guerre
comme à la guerre! à votre santé! (*Il remplit son verre et chante.*)

SCÈNE III.

LES MÊMES, HOCHE, *un livre à la main*,
HENRI.

HOCHE, *qui vient d'entrer avec Henri, se
trouve en face de Platerpoop, qui est resté en
position.* Que fait là cet homme?

PLATERPOOP. Excusez, fils; c'est le Gascon...

DELLART. Ah! mordious! je l'avais oublié... Eh! chose, fils... tu peux nous rejoindre.

PLATERPOOP. Je n'en suis pas fâché... je
crois que je m'engourdissais, savez-vous!
(*Il rejoint les autres qui sont remontés au
fond*).

HENRI, *à Hoche.* Sais-tu bien que je t'ai
cherché longtemps?

HOCHE. Oui... si tu ne m'avais pas rencontré, je serais resté plusieurs heures à lire
cet ouvrage qui me plaît tant.

HENRI. Les Commentaires de César!...
l'étude te fait tout oublier.

HOCHE. Ingrat! est-ce que je puis t'oublier
un instant, toi, mon frère, et cette chère
Louise, dont les lettres me font battre le
cœur... Ah! quand donc la reverrons-nous,
elle et ma bonne tante?

HENRI. Ah! c'est une question à laquelle
je ne puis répondre... la guerre ne finira pas
de sitôt...

HOCHE. La guerre! Dieu sait ce qu'elle
nous réserve, à nous, à la France! Eh bien,
Henri, une espérance ne me quitte pas,
c'est que nous sortirons vainqueurs de cette

lutte grandiose, et sans pareille dans l'histoire. Soldats obscurs, nous mourrons pour une cause sainte; cela doit suffire!... Heureux ces généraux qui nous guideront contre l'ennemi! leur renommée ne périra pas; (*riant*) eh! eh! qu'en dis-tu, frère? un pauvre sergent qui parle ce langage ambitieux! Que veux-tu? c'est la faute des livres! (*Acclamations au lointain.*)

DELLART. En voilà un de tapage!

PLATERPOOP. C'est donc l'ennemi qui nous arrive, savez-vous?

HOCHE. Eh! non, mes amis, c'est un bataillon d'agricoles.

DELLART. Les agricoles, bien !.. c'est ça... pour labourer les Autrichiens et ratisser les Prussiens!... (*Les cris se rapprochent; on entend le bruit des tambours mêlés aux fifres. Une troupe de paysans arrive; les uns portent des vestes, d'autres des blouses; ils sont armés de faux, de fourches, quelques-uns de fusils, de bâtons ou de piques; à leur tête, marche Hubert, vieux paysan, entouré de ses quatre fils.*)

SCÈNE IV.

LES MÊMES, HUBERT, AGRICOLES, *un* AIDE DE CAMP.

HUBERT. Halte! c'est-il bien ici qu'il faut nous arrêter, mon capitaine?

L'AIDE DE CAMP. Oui, mon brave; le général vous donnera bientôt des ordres.

HUBERT. Et qu'il nous donne aussi un chef, s'il vous plaît...

TOUS LES AGRICOLES. C'est vous, c'est vous...

HUBERT. Non, mes enfants, lorsque j'ai su que l'étranger marchait contre nous, j'ai quitté la charrue, et je suis venu vous rejoindre avec mes quatre fils que voilà... je me battrai près de vous, comme vous; mais je ne veux pas, je ne sais pas commander. J'ai été soldat pendant quarante ans... j'en ai soixante-huit, et je n'ai plus qu'une grâce à demander au bon Dieu, c'est de mourir dans un jour de victoire.

DELLART. Pardious, mon vieux, je suis bien aise de faire votre connaissance! (*On entoure Hubert et on lui prend les mains.*)

UN HOMME *entrant entouré de volontaires.* Je vous dis que c'est vrai... je le tiens d'une estafette qui en porte la nouvelle au général Dumourier.

HOCHE. Qu'y a-t-il donc?

L'HOMME. Verdun est pris. (*Rumeurs diverses. Va et vient général.*)

HOCHE. Approche, toi... sais-tu à quoi tu t'exposes en répandant un pareil bruit?

L'HOMME. Quoi donc! moi, je ne fais que répéter ce qu'on m'a dit; d'ailleurs, il n'y a que vous autres, par ici, qui ne le sachiez pas.

HOCHE. Eh bien, je t'arrête, et tu rendras compte de ces propos devant le général... c'est par de pareilles nouvelles qu'on répand parmi nous l'inquiétude et le découragement.

HUBERT. Vous avez raison, jeune homme!

DELLART. Bien parlé, sergent! (*Les cris se rapprochent; des soldats, des volontaires entrent tumultueusement.*)

CRIS. Verdun est pris! Verdun est pris!

DELLART. Eh! qu'est-ce que ça nous fait en définitive? Soit! qu'on prenne Verdun, nous le reprendrons, quand je devrais y entrer tout seul.

L'HOMME. Si l'ennemi n'était pas plus avancé encore; mais il est tout près d'ici!... (*Nouvelles rumeurs, tambours au lointain.*)

CRIS. L'ennemi! l'ennemi! aux armes!

HOCHE. Encore une alerte! une panique! (*De nouveaux soldats entrent en désordre. Les tambours battent le rappel.*)

HOCHE. Placez là un cordon d'hommes déterminés, et mort à ceux qui voudraient le franchir en fuyant!

CRIS. L'ennemi! l'ennemi! sauve qui peut!...

HOCHE. Qu'ai-je entendu? Sauve qui peut!... Mes enfants, préparez vos fusils, et tuez le premier qui osera répéter cette parole de déshonneur! (*Grand tumulte, confusion. Tous les soldats s'arment pour contenir les fuyards.*)

UN AIDE DE CAMP, *accourant.* Le général Dumourier.

TOUS. Dumourier! Dumourier!

SCÈNE V.

LES MÊMES, DUMOURIER, LEVENEUR.

DUMOURIER *entrant avec Leveneur.* Ah! ah! mes enfants, c'est bien; on vous a dit que les Prussiens avançaient, et vous alliez à leur rencontre?... Seulement, vous vous trompez de chemin... C'est par là qu'ils viennent!... et vous leur tourniez le dos! (*Agitation*). Silence donc! mais c'est une sorte de vertige qui vous gagne de temps à autre; ici, à votre droite, à votre gauche, devant vous, derrière vous, c'est un désordre qui ferait rire l'ennemi s'il vous voyait; rire, entendez-vous? (*Grand silence.*) Thouvenot, puisque vous allez à Paris, vous vous présenterez à la barre de l'Assemblée Nationale, et là, vous annoncerez aux représentants que six mille de nos compatriotes se sont troublés devant quelques Prussiens égarés dans la campagne!

L'HOMME. Quelques Prussiens, général?.. on dit qu'il y en a cent mille...

DUMOURIER. Cent mille, deux cent mille!

qu'importe? les soldats Français doivent compter leurs ennemis après le combat, jamais avant! Vous m'avez entendu, Thouvenot, vous ferez ce que j'ai dit.

HOCHE. Général, puis-je parler?

DUMOURIER. Qu'as-tu à dire, toi?

HOCHE. Cet ordre que vous venez de donner ne sera pas exécuté, n'est-ce pas? vous le révoquerez?

DUMOURIER. Tu es bien hardi, jeune homme!... (*A part.*) Voilà un coq qui chante haut et ferme! (*Haut.*) Et pourquoi donc reviendrais-je sur ma résolution, sergent?

HOCHE. Parce que ce serait nous déshonorer, ce serait nous livrer au mépris de la France, et que nous ne le méritons pas. — Oui, général, vous le sentez bien vous-même, ce serait une injustice!

DUMOURIER. Une injustice!... va toujours, mon garçon!...

HOCHE. Non, général, vous ne voudrez pas frapper dans leur avenir des hommes de cœur, un peu troublés d'abord, faute d'expérience, mais qui sont prêts à vous prouver, quand vous voudrez, au prix de leur sang, qu'ils n'ont pas peur du nombre, et qu'ils ne reculent que devant le déshonneur!

TOUS. Oui! oui!...

LEVENEUR, *saisissant la main de Hoche.* Bien, jeune homme!

DUMOURIER. Thouvenot, vous ne partirez pour Paris que lorsque vous aurez une victoire à annoncer.

TOUS. Vive le général!

LEVENEUR, *prenant Dumourier à part.* Un mot, général.

DUMOURIER. Parle.

LEVENEUR, *bas.* Sais-tu ce qu'on vient de m'apprendre? que les Prussiens ont fait une pointe entre Kellermann et toi, et qu'ils tiennent la route de Metz?

DUMOURIER. Je le sais.

LEVENEUR. Sais-tu aussi qu'ils ont l'intention de couper tes communications avec Beurnonville, en s'avançant sur ta droite à travers cette partie de la forêt?

DUMOURIER. Voilà ce que je craignais.... Il faut à tout prix empêcher cette manœuvre... Cernés, enveloppés de toute part, ce serait la perte de l'armée, la perte de la France!

LEVENEUR. Que vas-tu faire?

DUMOURIER. Leur dire la vérité... Je les crois dignes de l'entendre... (*Roulement de tambour; on forme le cercle; haut.*) Enfants, la fortune vous sourit; l'occasion que vous appeliez se présente; le salut de la France dépend de votre intrépidité. Pressé de voler au secours de Kellermann et d'employer la brigade Leveneur, je ne puis diviser mes forces; 400 hommes seulement resteront ici pour garder le défilé, cinq mille Prussiens vous le disputeront; vous les empêcherez de passer.

TOUS, *avec enthousiasme.* Oui, général.

DUMOURIER. Vous ne bougerez pas de cette position.

TOUS. Non, général.

DUMOURIER. Et s'il le faut, vous vous ferez tuer jusqu'au dernier.

TOUS. Oui, général.

DUMOURIER. A présent, qui veut être de ces quatre cents braves!

TOUS. Moi! moi!

DUMOURIER. J'en choisirai un; c'est le jeune sergent qui m'a parlé tout à l'heure...

HOCHE. Merci, général! je réclame le même honneur pour mon frère Henri. (*Il lui présente Henri.*)

DUMOURIER. Accordé! (*A un officier.*) Capitaine, vous désignerez les autres. Mes enfants, s'il en est parmi vous qui doivent périr, je les remercie et je les salue au nom de la France; mais, je l'espère, au revoir tous!... Dieu protége les braves. (*Acclamations. Dumourier et Leveneur sortent. Le tambour bat aux champs. Pendant ce temps le capitaine a donné des ordres, des soldats et des volontaires sortent, d'autres restent en scène. Dellart, Platerpoop, Hubert, sont du nombre de ces derniers.*)

SCÈNE VI.

LES MÊMES, *excepté* DUMOURIER *et* LEVENEUR.

LE CAPITAINE. Enfants, vous avez entendu le général.... Les Prussiens se préparent à nous attaquer; barricadons-nous dans ce défilé, et qu'ils ne puissent forcer le passage... dix ou douze hommes pour une reconnaissance.

HENRI. Voilà, capitaine. (*Le capitaine sort avec Henri et quelques soldats.*)

HOCHE, *aux autres soldats.* J'ai vu près d'ici des cabanes de bûcherons... qu'ils viennent, mêlés aux agricoles, couper des arbres, planter des pieux, pour former des retranchements..

HUBERT. C'est ça, venez avec moi, vous autres. (*Hubert et quelques soldats sortent, d'autres commencent déjà à abattre des arbres, beaucoup de mouvement sur la scène.*)

DELLART, *à Platerpoop.* Eh bien! chose... fils... te voilà donc un fantassin d'élite à présent?

PLATERPOOP, *tranquillement.* Il paraît que je suis un crâne, savez-vous?

DELLART. Nous allons te voir quand ça

chauffera... Dis donc, ne te rappelle pas trop M. de Turenne; assez comme ça d'imitation...

PLATERPOOP. Si ça pouvait me mener à être, comme lui, maréchal de France!

DELLART. Toi?

PLATERPOOP. Dame!.. nous serions partis du même point, savez-vous? (*Rumeur au dehors.*)

HOCHE. Qu'est-ce que c'est?

SCÈNE VII.

HOCHE, DELLART, PLATERPOOP, Soldats, *puis* HUBERT, *puis* HERMINIE, *en paysanne,* JEANNETTE.

HUBERT. Où est le capitaine?

HOCHE. Que lui voulez-vous?

HUBERT. Tout à l'heure, pendant que nous parlions aux bûcherons, nous avons vu passer sur la lisière du bois deux paysannes allant au grand trot de leurs montures. Les camarades ont dit: Il faut les arrêter. Comme elles viennent du côté où l'on dit que sont les Prussiens, elles donneront peut-être quelques renseignements... tenez, on les amène. (*Entrent Herminie et Jeannette conduites par quelques soldats. Elles se placent au milieu du théâtre.*)

JEANNETTE. Eh ben! eh ben! qu'est-ce qu'on nous veut? quoi qu'on va faire de nous? est-ce qu'on nous prend pour des malfaiteuses?...

HOCHE. Ne vous effrayez pas, jeune fille, approchez.

DELLART, *à l'autre paysanne.* Et vous aussi, la belle, (*A Platerpoop.*) Mordious! quel physique!

PLATERPOOP. Oui... le physique est satisfaisant, savez-vous?

HOCHE, *aux deux femmes.* Vous allez répondre à quelques questions.

JEANNETTE. Des questions?

LA DEUXIÈME PAYSANNE, *bas.* Ne vous troublez pas.

JEANNETTE, *bas.* Non, madame. (*Haut.*) Allons, curieux, faites vos questions.

HOCHE. D'où venez-vous?

JEANNETTE. De Buzancy donc, oùsque demeure ma tante Jacqueline.

HOCHE. Et vous alliez?...

JEANNETTE. A Vouziers donc! oùsque demeure mon oncle Christophe.

HOCHE. Qu'alliez-vous faire là?

JEANNETTE. Vendre nos denrées donc, avec ma cousine que v'là, des choux, des panais, des carottes; si le cœur vous en dit, messieurs les militaires...

DELLART. Mon cœur me dit autre chose, quand je vous vois!...

JEANNETTE. Allons donc!

HOCHE. Et vous faites souvent ce trajet-là?

JEANNETTE. Tous les jours.

HUBERT, *s'approchant.* Par la lisière du bois?

JEANNETTE. Dame! si vous savez un chemin plus court, vous.

HUBERT. Mais les bûcherons ne vous connaissent pas.

JEANNETTE, *à part.* Aïe!

LA DEUXIÈME PAYSANNE. C'est que... nous ne nous arrêtons jamais, et nous ne causons avec personne.

JEANNETTE. Oh! pour ça!.. nous sommes d'honnêtes filles, entendez-vous?

HOCHE. Mais si vous venez de Buzancy, vous devez y avoir vu le corps d'armée prussien.

LA DEUXIÈME PAYSANNE. Les Prussiens?.. non, monsieur.

HOCHE. Cependant, ils étaient là...

LA DEUXIÈME PAYSANNE. Ils n'y sont plus.

HOCHE. Est-il possible?

LA DEUXIÈME PAYSANNE. Décampés bien loin d'ici.

HOCHE. De quel côté?

LA DEUXIÈME PAYSANNE. Du côté de Metz.

HOCHE. Vous en êtes sûre?

JEANNETTE. Dame! je disons ce que j'avons vu..... ça vous fait y plaisir? tant mieux.

HOCHE, *au capitaine qui rentre.* Ah! capitaine, savez-vous ce que m'ont appris ces femmes? que les Prussiens ont changé leur direction, et qu'ils marchent sur la route de Metz.

LE CAPITAINE. Ils auront su que nous occupions cette forêt... et nous croyant en force, ils auront renoncé à tenter le passage.

HOCHE. C'est probable.... cependant....

LE CAPITAINE. Dumourier ne peut pas être loin, il faut le prévenir. Je m'en charge... Gardez par précaution la moitié du détachement. Soldats, à vos rangs. (*Roulement.*)Pas accéléré, en avant, marche! Au revoir, sergent. (*Il défile avec sa petite troupe, et s'enfonce dans la forêt à gauche.*)

LA DEUXIÈME PAYSANNE, *à part.* A merveille!

JEANNETTE. Vous n'avez plus de questions à me faire, M. le sergent?

HOCHE. Non.

JEANNETTE. Alors, j' pouvons nous remettre en route.

DELLART, *à Hoche.* Dites donc sergent, à votre place, je les garderais, moi?

HOCHE. Pourquoi?

DELLART. Oh ! une idée comme ça.

PLATERPOOP, *à Hoche.* Je la connais son idée... la grande lui a donné dans l'œil, moi, c'est la petite, savez-vous ?

HOCHE, *à part.* Des femmes ! s'en défier ! Allons donc !..

LA DEUXIÈME PAYSANNE, *à Hoche.* Adieu, monsieur... (*A part.*) Il n'est que sergent... c'est dommage. (*Les deux femmes s'éloignent escortées par une troupe d'agricoles.*)

SCÈNE VIII.

HOCHE, DELLART, PLATERPOOP, SOLDATS. (*La nuit est venue.*)

HOCHE. Allons, enfants, prenons notre parti... l'occasion nous échappe et le danger est passé, car les Prussiens ne songent plus à forcer le passage. Ainsi suspendez vos travaux et attendons de nouveaux ordres.

DELLART, *à Platerpoop.* Eh ! chose... il paraît qu'il y a contre-ordre pour les violons, et que la contredanse n'aura pas lieu... Alors pour passer le temps agréablement, tu vas reprendre ta leçon d'armes.., Une... deux... (*On entend un coup de feu dans le lointain.*)

HOCHE. Qu'est-ce que c'est ?

SCÈNE IX.

LES MÊMES, HENRI, *sur la hauteur.*

HENRI. Aux armes ! aux armes ! à nous, camarades !

HOCHE. Henri ! blessé !

HENRI. Rien, presque rien... un coup de feu à l'épaule. J'étais en sentinelle, les Prussiens ont débouché sur la lisière du bois .. il viennent de Busancy.

HOCHE. Oh ! ces femmes nous ont trompés !

HENRI. Ils s'avancent sur la hauteur !

HOCHE. Nous ne sommes plus en nombre, n'importe. Laissons-les s'engager ; silence, tous, et pas un coup de feu. (*Les soldats se dispersent à droite et à gauche et se cachent derrière les arbres ; les Prussiens paraissent en tirailleurs sur la hauteur au fond. La cavalerie prussienne entre en scène ; tous marchent avec précaution ; on tire au hasard quelques coups de feu. Ils descendent la colline, on les laisse s'approcher ; puis, sur le commandement de Hoche, les Français font feu de toutes parts, la cavalerie riposte, mais elle est forcée de battre en retraite. L'infanterie prussienne soutient sa cavalerie. Le capitaine, qui était sorti, accourt avec ses soldats ; il prend le commandement, mais une balle le frappe, il tombe. Moment d'hésitation parmi les Français. Hoche les ranime, et le combat recommence au fond plus ardent et plus acharné (Changement.)*

Troisième Tableau.

Un salon dans un château, près Thionville : quartier-général du roi de Prusse.

SCÈNE PREMIÈRE.

LE PRINCE CHARLES, M. DE SAARDORF, *chambellan.*

LE PRINCE CHARLES, *entrant et appelant.* Monsieur de Saardorf ?

DE SAARDORF, *entrant.* Monseigneur l'archiduc Charles !

LE PRINCE CHARLES. Pensez-vous que Leurs Majestés rentrent bientôt au château ?

DE SAARDORF. Oui, monseigneur. Le roi de Prusse et l'empereur d'Autriche achèvent en ce moment de passer la revue des troupes de Hohenlohe et du comte de Latour. (*Les tambours battent, les trompettes sonnent.*)

DE SAARDORF. Voici leurs majestés !... (*Il sort. Les gens de la suite des deux souverains entrent et se rangent, parmi eux un grand nombre d'officiers.*)

DE SAARDORF, *sur le seuil de la porte.* Sa majesté Léopold II, empereur d'Autriche ; sa majesté Frédéric-Guillaume II, roi de Prusse !... (*Ils entrent tous deux en se donnant le bras, et répondent au salut qui leur est adressé ; puis Frédéric-Guillaume congédie de la main tous les personnages qui sortent, à l'exception du prince Charles.*)

SCÈNE II.

LE PRINCE CHARLES, LÉOPOLD, FRÉDÉRIC-GUILLAUME.

FRÉDÉRIC-GUILLAUME. Prince !

LE PRINCE CHARLES. Sire !

FRÉDÉRIC-GUILLAUME, *à Léopold.* Je vous demande pardon, mon frère, si, depuis trois jours que vous êtes venu me joindre dans ce château, je vous ai fait un accueil si peu royal... J'exige que vous veniez, lorsque la guerre sera finie, me visiter à Berlin et à Potsdam, car je tiens singulièrement à vous dédommager.

LÉOPOLD. Mais je n'ai qu'à me louer de votre hospitalité.

DE SAARDORF, *entrant à Frédéric.* Sire, j'ai l'honneur de vous remettre les derniers rapports...

FRÉDÉRIC-GUILLAUME. Bien... Monsieur de Saardorff, dites au secrétaire d'état que le moment est venu de demander au général français s'il accepte les propositions sur lesquelles on l'a déjà pressenti. Sinon, qu'il se prépare à être traité en prisonnier de guerre.

LE PRINCE CHARLES. Prisonnier !

LÉOPOLD. Oui, cette perspective le décidera peut-être.

FRÉDÉRIC-GUILLAUME. Qu'on fasse venir les membres du conseil! (*M. de Saardorff sort et Frédéric continuant après avoir lu les rapports.*) Tout cela est insignifiant... pas de nouvelles du siége de Lille et du duc Albert de Saxe-Teschen.

LÉOPOLD. N'y a-t-il rien de la baronne de Fradenbourg !

FRÉDÉRIC-GUILLAUME. Rien !... cela signifie peut-être que nous ne tarderons pas à la voir.

LÉOPOLD. Singulière femme !..

FRÉDÉRIC-GUILLAUME. Oui, et qui nous sert avec une adresse !. fille du baron prussien de Fradenbourg, depuis que son père a perdu ses possessions en France, depuis qu'elle-même en a été chassée, il n'est pas de services qu'elle n'ait rendus à notre cause... Inaccessible à la crainte, elle se hasarde jusqu'au milieu de nos ennemis avec une témérité, une adresse, une habileté de déguisement et d'allures !...

DE SAARDOFF, *entrant et annonçant.* Le duc de Brunswick Lunebourg !.. le prince de Hohenlohe Frischberg !.. le comte de Latour !.. le général Kohler !.. (*Il sort.*)

SCÈNE III.

LES MÊMES, LE DUC DE BRUNSWICK, LE PRINCE DE HOHENLOHE, LE COMTE DE LATOUR, LE GÉNÉRAL KOHLER.

FRÉDÉRIC-GUILLAUME. Eh bien, messieurs, nos troupes vont se remettre ne marche, et nous allons quitter ce quartier général que nous avons établi sur la frontière, à quelques lieues de Thionville... mon frère d'Autriche et moi, nous suivrons les opérations de cette campagne... il faut savoir maintenant si les autres souverains de l'Europe marchent d'accord avec nous.

LÉOPOLD. Qu'on fasse entrer le duc d'York et l'envoyé de l'impératrice de Russie !..

FRÉDÉRIC-GUILLAUME. Messieurs, nous allons savoir si la Russie et l'Angleterre nous livrent la France sans restriction...

DE SAARDOFF, *annonçant.* Son altesse le duc d'York, envoyé du roi d'Angleterre. Le comte Orloff, envoyé de sa majesté l'impératrice Catherine !.. (*Il sort.*)

SCENE IV.

LES MÊMES, LE DUC D'YORK, LE COMTE ORLOFF.

FRÉDÉRIC-GUILLAUME. Soyez les bienvenus à notre quartier général....

LÉOPOLD. Eh bien, quel message nous apportez-vous du roi d'Angleterre et de l'impératrice de Russie ?..(*Allant à une table sur laquelle il a auparavant déroulé et examiné une carte.*) Faut-il replier cette carte de France, et vos souverains attachent-ils l'é-

quilibre de l'Europe à l'intégrité de son territoire ?

LE DUC D'YORK. Sire, je n'ai quitté mon armée que pour venir vous apprendre que le roi Guillaume vous abandonne votre conquête...

LE COMTE ORLOFF. Et moi, je vous annonce que l'impératrice Catherine s'étonne que vos épées victorieuses n'aient pas encore délimité la France, comme nous avons nous-mêmes pris possession des provinces étrangères !...

FRÉDÉRIC-GUILLAUME, *à Léopold.* Eh bien, partageons, mon frère.., (*se tournant vers les généraux*) et n'oublions pas ceux à qui nous devons le triomphe de nos armes !... (*Ils vont vers la table sur laquelle est placée la carte.*)

LE PRINCE CHARLES, *entre la table et les deux rois.* Pardon... je ne suis rien, je ne suis que le sujet de l'empereur d'Autriche; mais, vous m'avez admis à vos conseils, et j'ai le droit de parler...

LÉOPOLD. Nous ne délibérons pas; nous allons agir...

LE PRINCE CHARLES. Attendez !..

FRÉDÉRIC *et* LÉOPOLD. Non !..

LE PRINCE CHARLES. Attendez que la conquête soit faite pour vous partager la conquête...

FRÉDÉRIC-GUILLAUME. Prince, dès à présent la France nous appartient, et nous allons nous la partager, afin de dater de ce jour même l'ère de notre domination. (*S'approchant de la table contre laquelle le prince Charles est resté.*) Prince, si j'étais votre maître !...

LE PRINCE CHARLES. Que feriez-vous ?...

LÉOPOLD. Ce que je fais, et je vous ordonne de nous laisser la place libre !...

LE PRINCE CHARLES, *quittant la table.* Soit donc !.. mais j'en appelle à l'avenir !...

FRÉDÉRIC-GUILLAUME. Mon frère, à moi les provinces de la rive gauche du Rhin !...

LÉOPOLD. Soit !...

FRÉDÉRIC-GUILLAUME. A moi la Lorraine, la Champagne...

LÉOPOLD. Et moi ?..

FRÉDÉRIC-GUILLAUME. Vous !.. vous aurez l'Alsace, la Franche-Comté...

LÉOPOLD. Moi, je préférerais le pays qui touche au Luxembourg, lequel nous appartient déjà ?...

FRÉDÉRIC-GUILLAUME. Craignez-vous donc une interruption de terrain ?.. Nous donnerons au duc de Brunswick les trois villes autrefois libres, les trois évêchés Metz,

Toul et Verdun... ce sera une principauté indépendante... si je prends dans le Nord, c'est que je vous laisse beaucoup dans le Midi... vous aurez Lyon, Grenoble, nous donnerons à l'Angleterre la ville de Calais et quelques ports de mer sur la côte de Guyenne, afin qu'elle resserre à l'Ouest notre ennemi que nous morcellerons à l'orient !.. Quant aux villes du Nord, des commissions nommées par nous nous adjugeront les forteresses dont s'empara Louis XIV et qui échappent à son successeur...

LÉOPOLD. Et le centre du pays, et ce qui reste de la France ?..

FRÉDÉRIC-GUILLAUME. Ce sera un royaume si restreint que la main la moins ferme pourra le contenir... Et d'ailleurs, nous désignerons des gouverneurs... et, tenez, nous avons ici un homme qui peut devenir un de nos lieutenants, et rentrer en maître, au nom de son roi, dans une de ces provinces dont il lui a fallu s'éloigner... qu'on appelle le général français !.. (*Le général Kohler sort et revient un instant après avec le général L....*) Celui-là peut donner l'exemple, et, à son refus... nous verrons !...

SCÈNE V.

LES MÊMES, LE GÉNÉRAL L....

FRÉDÉRIC-GUILLAUME. Avez-vous conféré avec le secrétaire d'État, monsieur ?...

LE GÉNÉRAL L.... Pardon, sire; mais, c'est dans les revers qu'il faut surtout garder son titre et sa dignité... je suis général, et on peut me qualifier ainsi, car je tiens ce grade et de la France et de Washington, cet immortel fondateur de l'indépendance américaine !.. oui, sire, j'ai eu l'honneur de voir monsieur le secrétaire d'État... (*Apercevant le prince Charles et s'inclinant.*) Prince !....

LE PRINCE CHARLES, *saluant.* Général !...

FRÉDÉRIC-GUILLAUME. Eh bien ! qu'avez-vous résolu ?

LE GÉNÉRAL L...... Je n'ai rien à résoudre, je suis prisonnier... J'ai quitté la France, de même que, sur une mer orageuse, le matelot est souvent jeté hors de sa route... Mais, comme le matelot, je n'ai pas trouvé un rivage hospitalier.

LÉOPOLD. Oui, l'on s'est assuré de votre personne; c'est ce qu'on appelle des représailles.

LE GÉNÉRAL L..... Ne discutons pas, sire; vous êtes à la tête d'une armée et je suis seul.

FRÉDÉRIC-GUILLAUME. Oui, seul... vous qui naguère parliez comme un des maîtres de ce peuple désordonné... C'est à vous que peut s'appliquer cette parole d'un de vos orateurs : « Il n'y a qu'un pas du Capitole à la roche Tarpéienne ! » C'est à vous de dire si les peuples sont ingrats !...

LE GÉNÉRAL L.... Sire, je ne me fais pas juge de mon pays... Suis-je donc le premier citoyen victime de l'erreur ?... J'avais suivi ma patrie dans son élan de liberté; elle marche et me laisse en chemin; je ne puis ni ne dois la servir malgré elle-même... Et j'attends le jour où elle se souviendra de moi, si toutefois elle doit s'en souvenir !...

FRÉDÉRIC-GUILLAUME. Votre patrie !... punissez-la plutôt de son aveuglement... Elle vous repousse! rentrez-y avec nous!

LE GÉNÉRAL L.... Avec vous?...

LÉOPOLD. Oui.

FRÉDÉRIC-GUILLAUME. Vous aurez notre confiance, si vous n'avez plus la sienne !... Nous oublierons votre passé pour ne songer qu'à vos services... Comme tant d'autres, vous reviendrez de l'exil victorieux et redoutable... (*Moment de silence.*) Acceptez-vous?

LE GÉNÉRAL L.... Sire, l'exil, les fers, la solitude loin des miens, tout cela je l'ai accepté !... Mais les paroles que vous venez de me faire entendre, j'en suis attristé comme si je perdais à la fois tous les souvenirs, toutes les espérances, toutes les illusions de ma vie !... A quoi sert donc d'être un honnête homme, puisqu'on est ainsi exposé à l'insulte !.. Traitez-moi comme un ennemi, faites peser sur moi la plus dure captivité; mais ne m'outragez pas !...

FRÉDÉRIC-GUILLAUME. Eh ! qui songe à vous outrager ?... Laissez donc là les erreurs de ce que vous appelez votre patriotisme !... Votre patrie, nous venons là, sur cette carte, de nous en partager la plus grande étendue ! Ce qui en restera, prenez-en votre part comme gouverneur, comme lieutenant de votre souverain !... Venez avec nous, venez !

LE GÉNÉRAL L.... Vous vous êtes partagé la France, dites-vous ?... (*Se tournant vers le prince Charles.*) Prince, je suis certain que vous vous êtes tenu à l'écart !... Ah ! vous vous êtes partagé la France !... Eh bien ! vous allez faire dire que l'orgueil a devancé la victoire... Vous ne le savez donc pas ? avant que le proconsul romain ne s'établît en maître en Europe, en Asie, en Afrique, les légions romaines avaient planté dans les provinces leurs aigles victorieuses !...

FRÉDÉRIC-GUILLAUME. Croyez-vous donc qu'on nous résistera ?... vous n'avez pas d'armée?...

LE GÉNÉRAL L.... On en fera, sire !... La liberté frappe la terre de son pied, et il en sort des bataillons !...

FRÉDÉRIC-GUILLAUME. Nous serons maîtres !...

LE GÉNÉRAL L.... Bien !... Mais nous ne sommes plus au temps de Charlemagne, où le glaive était tout, où les idées ne comptaient pas !... Et dites-moi ce qu'est devenu l'héritage de Charlemagne?... Dites-moi si les peuples qu'il avait soumis ne sont pas rentrés en possession de leur territoire ; dites-moi si vous tenteriez de détourner de leur lit et le Rhin et le Danube, ces grands fleuves qui suivent leur cours comme les peuples se meuvent sur le sol que la Providence leur a marqué?... Ne tracez donc pas sur le sable des limites que le moindre souffle peut effacer ; ne faites pas dire qu'en voulant allonger votre sceptre, vous l'avez étendu sur le vide, et qu'on vous a forcé de le retirer !

FRÉDÉRIC - GUILLAUME. Le sceptre de Prusse et le sceptre d'Autriche ne se retirent pas, général ; surtout lorsqu'ils retombent sur un peuple éperdu !

LE GÉNÉRAL L.... Vous ne le connaissez pas, ce peuple, vous ne l'avez pas vu, et si jamais vous pénétrez dans ses rangs, prenez garde qu'il ne les referme pour vous étouffer !

LE DUC DE BRUNSWICK. Oui,.. mais Verdun a commencé la série de nos conquêtes.

LE GÉNÉRAL L......... Verdun a fait un volcan de la France tout entière !

FRÉDÉRIC-GUILLAUME. Lille est à nous, peut-être, à l'heure où je vous parle !

LE GÉNÉRAL L.... Qu'importe !... Lille se sera défendue, et son exemple sera suivi !... Un jour, vous vous souviendrez de ce que je vais vous dire et d'un conseil que vous ne suivrez pas... Au lieu de menacer encore la France, traitez avec elle de puissance à puissance, de peur que, tôt ou tard, elle n'aille dans vos capitales arborer son drapeau en jetant à vos peuples le cri de liberté, qui enfante des prodiges !...

FRÉDÉRIC-GUILLAUME. Assez, assez !... (*Rumeurs au dehors.*) Qu'y a-t-il donc ?...

M. DE SAARDOFF, *qui est entré.* Sire, une femme est là qui prétend que vous l'avez autorisée à se présenter devant vous ; elle apporte, dit-elle, une nouvelle très-importante...

FRÉDÉRIC-GUILLAUME. Une femme ?.., a-t-elle dit son nom ?...

M. DE SAARDOFF. Oui, sire ; Herminie, baronne de Fradenbourg...

FRÉDÉRIC-GUILLAUME. C'est bien, qu'elle entre !...

SCÈNE VI.

LES MÊMES, HERMINIE.

FRÉDÉRIC-GUILLAUME. Approchez, madame...

HERMINIE. Sire, je viens de Lille...

TOUS. Ah !..

HERMINIE. J'y étais allée pour voir le triomphe de vos armes...

LÉOPOLD. Eh bien ?..

FRÉDÉRIC-GUILLAUME. Lille est à nous, n'est-ce pas ?..

HERMINIE. Non, sire...

FRÉDÉRIC-GUILLAUME. Comment ! pas encore !.. que fait donc le duc Albert ?..

HERMINIE. Le duc Albert a levé le siége....

LÉOPOLD. Est-ce vrai cela ?..

HERMINIE. Oui, car je l'ai vu... Oh ! n'accusez pas le duc Albert..., il a fait pleuvoir sur la ville les boulets, les obus, la mitraille !.. et pas une voix ne s'est élevée derrière les remparts pour demander grâce et merci !... L'archiduchesse d'Autriche, la gouvernante des Pays-Bas, Marie-Christine, a mis elle-même, sous mes yeux, le feu à un mortier, au milieu de vos soldats que sa voix excitait ! On s'est rué contre les murailles que le canon avait déchirées, mais, toujours, les défenseurs de Lille repoussaient les assaillants et réparaient les brèches... Enfin, le duc Albert épuisé de munitions et et d'artillerie, et menacé par Dumouriez et Beurnonville, s'est mis en marche, tandis que du haut des remparts, du haut des maisons, du haut des tours, le peuple lui envoyait des chants de victoire. (*Stupeur générale.*)

LE GÉNÉRAL L...., *à part.* Oh ! mon pays, ce triomphe a retenti dans mon cœur !.. (*Léopold, appuyé contre la table, détourne les yeux de la carte que le prince Charles se met à rouler.*)

LE DUC DE BRUNSWICK. C'est maintenant surtout qu'il faut marcher sans repos ni trêve !...

LE PRINCE-CHARLES. Oui, car si on hésitait, on serait bientôt forcé de repasser la frontière !...

LE DUC DE BRUNSWICK. A Thionville !..

HERMINIE. La route vous en est ouverte... Un faux avis, donné par moi, a écarté ceux qui auraient pu entraver votre passage !..

FRÉDÉRIC-GUILLAUME. Partons !... (*Au général L...*) Et vous...

LE GÉNÉRAL L... Moi, je me souviens de ce qu'on m'a dit : la trahison, ou la captivité... Qu'on me conduise dans les prisons d'Olmutz !..

TOUS, *excepté le prince Charles et le général L....* A Thionville !... (*Ils sortent ; le général Rohler désigne le général L... à deux hulans qui s'avancent pour l'arrêter.*)

LE PRINCE CHARLES. Arrière !.. C'est moi qui aurai l'honneur de conduire le prison-

nier !.. (*Tous deux se saluent et sortent. —
Le théâtre change.*)

Quatrième Tableau.

L'intérieur de Thionville. — Une place publique. —
Plusieurs maisons endommagées par les bombes.—
Une entre autres à moitié consumée.—Des pans de
mur noircis. — Des seaux à incendie. — Des fusils
en faisceaux.

SCÈNE PREMIÈRE.

(*Au changement, des soldats, des hommes du
peuple ; sur le premier plan, des femmes
des enfants, tous sont accablés de fatigue;
on fait la chaîne pour l'incendie; d'autres
habitants portent des soldats blessés.*)

DES SOLDATS, *parmi lesquels* DELLART *et*
PLATERPOOP. (*Plusieurs bourgeois et
hommes du peuple entrent d'un air fati-
gué ; leurs vêtements sont noircis. Hubert dépose sa hache et s'appuie contre
un pan de mur.*)

DELLART. Eh bien, maître Hubert, l'incendie est-il éteint dans l'autre quartier ?

HUBERT. Nous avons eu du mal ! il reste si
peu d'hommes de bonne volonté, et on a si
peu de forces... Quel dégât ! et comme ces
maudites bombes ont arrangé ces pauvres
maisons !

DELLART. Je crois qu'à présent vous pouvez vous croiser les bras... les assiégeants ont
fait taire leur musique.

HUBERT. Pourquoi donc perdraient-ils de
la poudre ?.. ils ont mieux que ça pour nous
réduire... la famine ! (*Il se laisse tomber
d'un air découragé.*)

DELLART. Nous réduire ?.. pas encore...
on peut faire crier notre estomac, mais nous
faire crier merci !... c'est une autre affaire...
(*A Platerpoop.*) Eh bien, qu'est-ce que tu
fais donc, toi ?

PLATERPOOP. Je serre mon ceinturon...
trois crans de plus tous les matins !..

DELLART. Oui, oui, nous désenflons os-
tensiblement... depuis vingt-deux jours que
Thionville est en même temps assiégé et blo-
qué, le gouverneur Wimpfen a mis d'abord
à la petite ration, puis à la demie, puis au
quart... ce qui fait que ça sonne terriblement
creux là dedans ! (*Deux heures sonnent.*) Ah !
ah ! voilà l'heure de la soupe... mais rien
pour aujourd'hui. Allons, je serrerai un cran
plus... avec.

LE BOURGEOIS, *aux soldats.* Mais, vous,
qui avez besoin de forces...

DELLART. Ah bah ! nous sommes faits aux
privations, c'est notre métier, et tant que nous
serons en état de tenir un fusil, ce sera pour
envoyer des dragées à ces chiens d'Allemands

qui nous mettent à la diète : n'est-ce pas,
chose ?..

PLATERPOOP. Oui, fils, et nous chanterons
pour les narguer, savez-vous ? (*On entend le
tambour ; les soldats se lèvent et prennent
leurs armes.*)

DELLART. Oh ! oh ! une alerte ! à la bonne
heure, ça trompe l'appétit... Qui se bat dîne !
Aux remparts ! aux remparts !...

UN BOURGEOIS. Et nous, chez le maire !
ça ne peut pas durer comme ça... il faut qu'il
rende la ville.

TOUS. Oui, oui, chez le maire ! (*Ils sortent
en tumulte.*)

SCÈNE II.

LENOIR, *entrant et regardant de tous côtés.*

Bien, bien !... Puissent-ils sauver leurs
jours.... et les miens en même temps !.. Dire
que j'ai été assez fou pour venir ici me faire
bloquer !... et pourquoi ? par amour !.. Il est
vrai que j'étais venu avant le blocus, pour
rejoindre Louise et sa mère... Quelle idée
malheureuse ! Au lieu de précéder le convoi
de vivres, j'aurais bien mieux fait de l'accompagner ! On m'aurait pris avec le convoi, et
les prisonniers sont nourris... Heureusement
que jusqu'ici les provisions que j'avais dé-
tournées en cachette ont soutenu ma pauvre
existence ! mais ça tire à sa fin... on a beau
avoir de l'or plein ses poches, à quoi ça sert-
il?... Dans le commencement encore, on se
procurait du cheval... à présent le cheval est
hors de prix, le chien a été très-recherché...
mais il n'en reste plus... jusqu'aux chats qui
ont disparu !... vous verrez qu'il faudra que
je fasse leur métier, et que j'aille à la chasse
aux souris !.. Quelle extrémité pour un fournisseur de vivres !

SCÈNE III.

LENOIR, Mme GIRAUD.

Mme GIRAUD, *entrant en marchant lente-
ment.* Mon Dieu, comme elle tarde à revenir !
Ah! monsieur Lenoir, avez-vous vu ma Louise?

LENOIR. Non ; où est-elle allée ?

Mme GIRAUD. Chez le syndic, chercher
notre petite ration... mais, elle reste plus
longtemps qu'à l'ordinaire... je courais au
devant d'elle, si j'en avais la force... Il n'y a
que vous qui vous souteniez au milieu de tout
ça, mon pauvre monsieur Lenoir.

LENOIR. Oui... je supporte assez bien les
privations... mais aussi quelle idée avez-vous
eue de venir à Thionville ?

Mme GIRAUD. Vous savez bien que j'ai été
obligée de fermer ma boutique de Versailles
après les journées d'octobre, et je n'avais
plus d'autre parti à prendre que de me réfugier ici, auprès de mon neveu Hoche...

LENOIR. Qui n'y est plus... Nommé capi-

taine après la fameuse affaire du défilé de Busancy, il avait rejoint la division de Kellermann avant votre arrivée, et, maintenant,
si la ville ne se rend pas, qu'est-ce que vous
allez devenir ?

Mme GIRAUD. Le bon Dieu nous a protégées
jusqu'à présent... Louise nous dit qu'elle a
intéressé tout le monde et qu'on lui donne
p'us qu'aux autres... et ça ne m'étonne pas...
car c'est un ange !.. si vous saviez jusqu'où
va son courage !.. comme elle s'oublie elle-
même, et quels soins, quels secours elle pro-
digue aux autres !.. Et tenez, la voilà.

SCÈNE IV.

LES MÊMES, LOUISE.

Mme GIRAUD. Enfin !.. ma chère enfant !..

LOUISE. Pardon, bonne mère... je ne peux
pas marcher plus vite... (*Donnant un morceau de pain à Mme Giraud.*) Tenez, voilà
votre portion...

Mme GIRAUD. Et toi, mon enfant ?

LOUISE. Oh moi... je n'ai besoin de rien...

Mme GIRAUD. Comment ?

LOUISE. J'ai mangé... allez, bonne mère,
rentrez...

Mme GIRAUD. Mais toi ?...

LOUISE. Tout à l'heure... l'air me fait du
bien... (*Mme Giraud sort.*)

LOUISE, *seule, s'asseyant sur le banc.*
Voilà pour elle un moment de bonheur !.. et
pour moi aussi... mais je me sens bien
faible !.. (*Rumeur en dehors.*)

LENOIR, *qui a remonté la scène.* Ah ! les
voilà qui reviennent avec le maire... ça chauffe !
ça chauffe !..

SCÈNE V.

LES MÊMES, LE MAIRE, *entouré d'une foule très-animée; plusieurs hommes sont armés de bâtons ou de haches. Le maire est un vieillard qui a un bras de moins.*

LE PEUPLE. Par ici ! par ici ! qu'il cède !
qu'il cède !

MAITRE JEAN. Oui, oui, c'est assez de
souffrances comme ça... il faut que ça fi-
nisse !..

TOUS. Oui, oui !

LE MAIRE. Enfin, que voulez-vous ?

TOUS. Du pain ! du pain !

LE MAIRE. C'est à moi que vous en de-
mandez ?

TOUS. Oui, oui.

LE MAIRE. Supposez-vous donc que je vive
dans l'abondance, quand mes concitoyens
sont réduits aux plus dures privations ? J'ai
distribué tout avec impartialité... et si vous
en doutez, entrez dans ma maison, fouillez,
cherchez partout... J'ai donné jusqu'au der-

nier morceau de pain, jusqu'à la dernière
goutte de vin !

MAITRE JEAN. Nous le savons, vous êtes
un brave homme.

TOUS. Oui, oui !..

MAITRE JEAN. Mais ne vous obstinez pas
plus longtemps ; le gouverneur blessé vous a
remis ses pouvoirs, rendez les clefs de la
ville !

LE MAIRE. Rendre la ville aux Prussiens !..

MAITRE JEAN. Aimez-vous mieux nous
voir mourir de faim ?

LE MAIRE. Et quand cela serait ! vous sau-
veriez la France par votre exemple !. Elle
apprendrait, en vous voyant mourir, à compter
sur tous ses enfants, comme sur des martyrs
de son indépendance !.. Souvenez-vous de la
honte de Verdun, souvenez-vous de la gloire
de Lille !...

MAITRE JEAN. Lille n'en était pas où nous
en sommes !..

DEUXIÈME HOMME. Au moins, qu'il reçoive
l'envoyé qui attend depuis une heure aux
portes de la ville !.. nous voulons l'entendre !..

TOUS. Qu'il vienne !

LE MAIRE. Vous voulez, dites-vous ? Vous
oubliez donc que seul je commande ici ?

MAITRE JEAN. Peu nous importe ! faites-
le entrer, ou sinon, malheur à vous !..

LE MAIRE. Des menaces !.. Voyez... l'ennemi m'a déjà mutilé... lequel de mes compatriotes aura la gloire de m'achever ?..

MAITRE JEAN, *furieux.* Écoutez-le, vous
dis-je, ou sinon... (*Il lève une hache.*)

LOUISE, *s'élançant.* Malheureux !.... arrêtez... êtes-vous des Français ? êtes-vous des
hommes ? La souffrance vous a-t-elle égarés
à ce point que vous ne sentiez plus rien, ni
l'amour de la patrie, ni l'honneur, ni le respect dû à l'héroïsme de ce vieillard ?... Moi
qui ne suis qu'une femme, je supporte donc
mieux que vous les maux de cette guerre !..
car, je vous le déclare, j'aimerais mieux
mourir dans les tortures que de trahir nos
braves défenseurs. (*Tous se détournent et se
taisent.*)

LE MAIRE. Bien, jeune fille, très-bien...
Voyez, ils se taisent, et vos reproches les ont
fait rentrer en eux-mêmes... Je n'en suis
pas étonné... au fond, ce sont de braves
gens !... ils ont du cœur.

LOUISE. Mon Dieu ! cet effort m'a épui-
sée... (*Elle regagne son banc.*)

LE MAIRE. Et maintenant, comme je ne
veux pas qu'on puisse m'accuser d'être dur
et orgueilleux, je consens à entendre devant
vous l'envoyé de l'ennemi.

MAITRE JEAN. Non, non, nous ne l'exi-
geons plus.

LE MAIRE. Mais, je le veux, moi !... à une condition cependant, c'est que, devant cet étranger, votre attitude sera digne de la France, dont nous sommes ici les énergiques représentants ! Qu'on introduise l'envoyé !... Un mot encore ! vous connaissez tous la mort héroïque de Beaurepaire, le commandant de Verdun !... Eh bien ! s'il vous échappe devant l'envoyé de nos ennemis une parole de trahison, de révolte ou de faiblesse... (*montrant un pistolet qu'il a tiré de sa poche*) ce pistolet sera pour le lâche qui déshonorerait sa patrie, et le second pour moi !... (*Rumeur.*) Silence ! le voici !

SCÈNE VI.

LES MÊMES, UN ENVOYÉ PRUSSIEN.

LE MAIRE. Approchez ; vous êtes devant le premier magistrat de la ville !... De quel message êtes-vous chargé ?

L'ENVOYÉ. Nous savons à quelle extrémité vous êtes réduits, pauvres gens !

LE MAIRE. Quelle que soit cette extrémité, vous n'avez pas le droit de nous plaindre, quand nous ne nous plaignons pas nous-mêmes. Au fait...

L'ENVOYÉ. Voici l'ultimatum des puissances coalisées, que vous transmet par ma voix le duc de Brunswick, commandant la division de blocus. La ville se rendra à discrétion. (*Rumeur.*) Les habitants et les soldats de la garnison auront la vie sauve.

LE MAIRE. Est-ce tout ?

L'ENVOYÉ. C'est tout !...

LE MAIRE. Vous ne parlez pas de la lettre particulière que votre duc de Brunswick m'a fait parvenir il y a trois jours.

L'ENVOYÉ. Une lettre ?

LE MAIRE. Par laquelle il m'offrait des honneurs, des trésors, un million, je crois, si je voulais lui livrer mes concitoyens. (*Rumeur.*)

MAITRE JEAN. Ah ! c'est infâme !

DEUXIÈME HOMME. Le misérable !

LE MAIRE. Silence !... c'est une réponse qu'il lui faut ; mais vous le voyez, monsieur, vos boulets m'ont mis hors d'état d'écrire... (*Apercevant Lenoir près de lui.*) Avance, toi... tu seras mon secrétaire.

LENOIR. Moi !...

LE MAIRE. Une plume, de l'encre... ce pan de mur servira de table, écris : « En présence des habitants de la ville, je déclare en leur nom, que plutôt que de nous rendre...

LENOIR. Eh bien ?

LE MAIRE. « Nous périrons tous jusqu'au dernier. »

LENOIR. Ah !

LE MAIRE. As-tu écrit ?

LENOIR. Pardon... vous avez dit : jusqu'au...

LE MAIRE. Jusqu'au dernier... et je signe de cette main ! (*Il signe de la main gauche.*) Maintenant, quant au marché d'un million, dites à votre duc que la France ne vend pas ses villes, mais qu'elle pourrait lui acheter son duché, si elle n'était pas sûre de le prendre ! Allez !

TOUS. Vive le maire !

MAITRE JEAN, *à l'Envoyé*. Misérable ! (*Plusieurs hommes du peuple entourent le parlementaire en poussant des huées.*)

LE MAIRE. Arrêtez !... pas d'indignités !... cet homme est protégé par les lois de la guerre, je le mets sous la sauvegarde de l'honneur français. Qu'il sorte comme il est entré !... (*Grand silence.*) Maintenant, enfants, du courage, et aidons-nous les uns les autres à supporter nos misères ! (*On entend des coups de canon dans le lointain.*) Ah ! voilà l'attaque qui recommence !

SCÈNE VII.

LES MÊMES, DELLART. *passant dans le fond avec un détachement.*

DELLART, *à ses soldats*. Par ici, amis, par ici !

LE MAIRE. Que se passe-t-il ?

DELLART. Entendez-vous cette canonnade ?

LE MAIRE. Eh bien ?

DELLART. C'est du secours qui nous arrive...

TOUS. Du secours !

DELLART. J'ai vu notre drapeau, là-bas, dans la campagne ; il vient, il culbute les assiégeants.

TOUS. Vrai ? c'est vrai ?

DELLART. Oui, un renfort, un convoi de vivres !

LENOIR. Des vivres ! ça me regarde !.. (*Il court au-devant. On remonte la scène. Acclamations au dehors.*)

DELLART, Entendez-vous ?

LE MAIRE. Allons ouvrir la poterne !

DELLART. C'est déjà fait... les voilà !... et notre brave capitaine Hoche lui-même est à leur tête. (*Une partie du peuple sort en poussant des acclamations pour aller au-devant des arrivants.*)

LOUISE, *se traînant*. Lui !... c'est lui !... (*Entrée des soldats portant du pain et de la viande au bout de leurs baïonnettes. On se précipite sur les vivres. Lenoir fait une distribution.*)

HOCHE, *entrant*. Louise !

Mᵐᵉ GIRAUD, *accourant*. Que vois-je !... mon neveu ! (*Elle l'embrasse.*)

HOCHE. Je viens vous arracher tous aux horreurs du siége, aux angoisses de la faim ! (*On danse, on s'embrasse, on mange avec avidité.*)

LE MAIRE. Mes amis, je vous en supplie, de la modération... l'excès aussi peut vous tuer !

PLATERPOOP, *tranquillement.* C'est ça ; pas de précipitation, faites comme moi.

HOCHE, *aux soldats.* Ce soir, du repos, de la joie ! et demain au point du jour nous irons chasser les assiégeants ! (*Une voiture chargée de vivres est entrée, on continue la distribution.*)

Cinquième Tableau.

LA TENTE DU DUC DE BRUNSWICK.

Au changement, des hulans, des domestiques vont et viennent ; on entend dans la coulisse le cliquetis des verres, et des hourrahs joyeux.

SCÈNE PREMIÈRE.
FRITZ, HERMANN, HULANS.

HERMANN. Qu'en dis-tu, Fritz ? j'espère que les rois et les généraux auront joyeusement employé leur nuit.

FRITZ. Joyeusement, oui, c'est le mot, sais-tu que je ferais volontiers comme les rois et les généraux, s'ils voulaient tant seulement le permettre.

HERMANN. Silence, les voici. (*Les hulans se rangent au fond ; puis, après l'entrée des personnages, ils s'éloignent.*)

SCENE II.
LÉOPOLD, FRÉDÉRIC-GUILLAUME, LE DUC DE BRUNSWICK, KOHLER, OFFICIERS.

FRÉDÉRIC-GUILLAUME, *au Duc.* A merveille, mon noble cousin ; vous nous avez traités avec cette splendeur et cette cordialité qui distinguent le duc régnant de Brunswick.

LE DUC. Votre majesté est trop indulgente.

FRÉDÉRIC-GUILLAUME. Et puis, messieurs, il faut bien l'avouer, la France a du bon ; ces vins sont si généreux !

LÉOPOLD. Vous avez raison, mon frère, et nous les verrons mieux encore en avançant dans le pays. (*Au Duc.*) Avez-vous les clefs de Thionville ?

LE DUC. Je les attends, sire ; mon envoyé n'est pas encore de retour ; la distance est grande de mon camp à Thionville ; la nuit est noire, et les chemins fort mauvais... Mais je suis sans inquiétude, ce peuple est réduit à la dernière extrémité... vivant ou mort, il est à nous.

LÉOPOLD. Au point du jour, nous ferons notre entrée à cheval, mon frère de Prusse et moi. Vous serez à nos côtés, mon cousin de Brunswick.

LE DUC. Sire, c'est un honneur auquel je suis sensible. (*Bruit en dehors.*) Quel est ce bruit ?

UN OFFICIER, *entrant.* Monseigneur, un soldat français vient d'être surpris au moment où il cherchait à traverser nos lignes.

LE DUC. Un Français ?.. qu'on nous l'amène !

SCÈNE III.
LES MÊMES, DELLART.

LE DUC, *à Dellart.* Avance... Vous permettez, majestés ?

DELLART, *à part.* Oh ! oh !.. excusez... il y a beau jeu ici !.. il retourne des rois.... heureusement que j'ai de l'atout.

LE DUC. Qui es-tu, toi ? un espion ?

DELLART. Un espion !.. moi, Dellart ! c'te bêtise !.. est-ce que je suis déguisé ?

LE DUC. Je vois ce que c'est.... tu es un déserteur que la faim a chassé de la ville.

DELLART. Est-ce que je viens vous demander la soupe ?

LE DUC. Alors tu voulais joindre, à dix lieues d'ici, le quartier général de l'armée française ?

DELLART. Quant à ça, possible ; il n'y a pas d'affront, citoyen commandant.

LE DUC. Tu dois avoir une dépêche, où est-elle ?

DELLART. Plus souvent que j'aurais une dépêche sur moi, pour que nous soyons pris tous les deux, l'un portant l'autre ! Non, non, ma dépêche est là. (*Montrant son front.*) Ça se conserve mieux ; déchiffrez-la si vous pouvez.

LE DUC. Malheureux ! je veux connaître ces instructions, ou bien...

DELLART. Ou bien ?

LE DUC. Je te ferai fusiller.

DELLART. Si vous croyez que ça vous fera lire plus couramment !

LE DUC. Tu fais l'insolent ?... que cet homme soit passé par les armes !.. (*On s'avance pour saisir Dellart.*)

FRÉDÉRIC-GUILLAUME. Arrêtez ; la présence d'un souverain porte grâce... c'est un brave après tout, et il ne peut nous nuire ; qu'il vive !

DELLART. Merci, citoyen roi. Je vous connais, vous, j'ai entendu parler de vous... pas en bien, mais c'est égal ; en échange de ma grâce, je veux vous donner un bon avis, citoyen Guillaume...

LE DUC. Plaît-il?

DELLART. Non... citoyen sire.... je connais les usages... il y a un proverbe qui dit : ne vous mêlez pas des affaires du voisin, de peur qu'il ne se mêle des vôtres... Faites-en votre profit, mon bon, et retournez tranquillement chez vous... planter vos choux, avant qu'on ne vous rende votre visite.

LE DUC. L'audacieux !..

FRÉDÉRIC-GUILLAUME, *riant.* Laissez; c'est un original... sa seule punition sera de marcher tout à l'heure, à notre suite, quand nous entrerons dans Thionville.

DELLART. Le fait est que si ça arrive jamais, j'aimerais mieux être fusillé. (*Il se retire à l'écart.*)

FRÉDÉRIC-GUILLAUME, *au Duc.* Le temps presse, mon cousin, et il faut tout prévoir ; une fois installés à l'hôtel de ville, l'essentiel est de frapper l'esprit des habitants. Avez-vous préparé la proclamation ?

LE DUC. Oui, sire, et s'il vous plaît en entendre la lecture ?

LÉOPOLD. Volontiers.

DELLART, *à part.* Ont-ils un aplomb !

LE DUC, *lisant.* « Habitants de Thion-
»ville, c'en est fait; la guerre a prononcé;
»vos murs, vos biens, vos personnes sont en
»notre pouvoir.

DELLART, *à part.* Oui, vas y voir.

LE DUC, *lisant.* « Nous sommes les instru-
» ments de la Providence; nous venons en
» son nom épargner ou punir. »

LÉOPOLD. Je mettrais : juger et punir.

LE DUC. Fort bien, sire, c'est plus franc.

DELLART, *à part.* Et plus carré. Tête de choucroûte, va !

FRÉDÉRIC-GUILLAUME. Il faut les frapper de terreur; c'est à la France entière que nous parlons.

LE DUC, *lisant.* « La justice marche à nos
»côtés; hâtez-vous de vous soumettre; cour-
»bez-vous sous notre épée victorieuse et que
»l'exemple de votre impuissance...»

L'OFFICIER, *entrant.* Pardon, monseigneur, votre envoyé est de retour.

LE DUC. Un moment. (*Continuant.*) « Et
»que l'exemple de votre impuissance, en
»montrant à l'Europe tout entière les tris-
»tes fruits d'une résistance opiniâtre, lui
»conseille une prompte soumission. »

LÉOPOLD. C'est ce qui ne peut manquer d'arriver. Cette proclamation est fort bonne.

DELLART, *à part.* Il ne reste plus qu'à l'afficher.

LE DUC, *à l'officier.* Faites entrer l'envoyé.

SCÈNE IV.

LES MÊMES, L'ENVOYÉ.

L'ENVOYÉ, *saluant.* Monseigneur...

LE DUC. Ah ! vous voilà, monsieur ; vous avez bien tardé; mais enfin vous m'apportez les clefs de Thionville ?

L'ENVOYÉ. Non, monseigneur.

LE DUC. Non, dites-vous? comment?... ah! je comprends; les bourgeois vont les apporter eux-mêmes, c'est une preuve de soumission plus complète... Mais tarderont-ils longtemps encore ?

L'ENVOYÉ. Ils ne viendront pas, monseigneur.

LE DUC. Comment ?

L'ENVOYÉ. Oserai-je parler, monseigneur ?

FRÉDÉRIC-GUILLAUME. Eh! oui, monsieur !... vous voyez bien que nous attendons.

L'ENVOYÉ. Eh bien, monseigneur, plutôt que de se rendre, les habitants sont résolus à s'ensevelir sous les ruines de la ville.

TOUS. C'est impossible.

LE DUC. Vous avez mal vu, vous avez mal entendu !

LÉOPOLD. Cet homme n'aura pas compris ses instructions.

LE DUC. Vous n'avez donc pas répété mes paroles, révélé ma force, fait entendre mes menaces ?

L'ENVOYÉ. Pardon, monseigneur, j'ai dit tout ce qu'il fallait dire, et le spectacle qui les entourait, je vous assure, parlait encore plus haut que moi; mais ces hommes sont de fer; en vain la famine étalait ses horreurs, en vain la mort était devant eux sous toutes ses faces les plus hideuses; ils plaisantaient sur leurs misères; et en me reconduisant à la poterne, un d'entre eux m'a montré un cheval de bois, maigre et hâve, sous la bouche duquel était attachée une botte de foin : Vois ce cheval, m'a-t-il dit, c'est l'image d'une population affamée; dès qu'il aura mangé cette nourriture mise à sa portée, la ville se rendra à discrétion En parlant ainsi, ils m'ont congédié.

LE DUC. Est-ce croyable?

L'ENVOYÉ. Si vous en doutez.... (*Il lui remet la lettre.*)

DELLART. Eh parbleu! c'est moi qui ai dit ça... Est-ce que tu ne me reconnais pas, mon vieux ?.. c'est une farce de mon pays.

LÉOPOLD. Ah ! c'est une dérision insensée !

FRÉDÉRIC-GUILLAUME. C'est une insulte qui crie vengeance.

LE DUC. Et la vengeance ne se fera pas attendre.... Oui, dussé-je ne pas laisser pierre sur pierre, cette cité maudite va nous appartenir; je brûlerai, j'exterminerai tout ce que j'y rencontrerai!.. Dans deux heures, sire, vous y entrerez en triomphe, non plus comme des vainqueurs pacifiques, mais comme des vengeurs qui promènent leur puissance sur des décombres... dans deux heures, Thionville n'existera plus!.. (*On entend le canon.*) Le canon!

DELLART. C'est le camarade qui tousse.

L'OFFICIER, *entrant*. Monseigneur, l'armée française est en marche pour secourir Thionville.

LE DUC. L'armée française? elle ne peut être encore à portée du canon... Et ce bruit?

L'OFFICIER. Monseigneur, les assiégés ont tenté une sortie.

LE DUC. Eux! comment? ils oseraient!...

DELLART. Oui, ils se gêneraient!

L'OFFICIER. Celui qui les commande...

LE DUC. Eh bien?

DELLART. Eh bien, parbleu, c'est le capitaine Hoche, le même qui a su pénétrer dans la place avec un convoi de vivres.

TOUS. Se peut-il?

L'OFFICIER. Et maintenant, monseigneur, permettez-moi de vous donner un avis; si vous tardez quelques instants encore, votre camp peut être pris entre le feu des assiégés et celui de l'armée qui s'approche.

LE DUC. Sire, éloignez-vous, je vous en conjure, il le faut, vous seriez enveloppés, pris peut-être; je réponds de la sûreté de vos majestés, partez, partez.

FRÉDÉRIC-GUILLAUME. Partir! vous n'y pensez pas : nous allons au-devant d'eux pour châtier leur audace.

LE DUC. Eh quoi?

FRÉDÉRIC-GUILLAUME. Venez, venez, messieurs. (*Frédéric-Guillaume, Léopold et le Duc sortent.*)

DELLART. Et moi, je ne tarderai pas à être délivré; j'entrerai à Thionville avant eux.

Sixième Tableau.

L'EXTÉRIEUR DE THIONVILLE.

Au fond, les remparts de Thionville, garnis de troupes, le feu est engagé entre les assiégés et les troupes prusiennes et autrichiennes, qui occupent le théâtre, derrière un épaulement protégé par des fascines, sept pièces d'artillerie tirent sur la ville.

SCÈNE PREMIÈRE.

LE DUC DE BRUNSWICK. Soldats, l'armée française s'approche pour secourir les assiégés; il faut la repousser. En avant! en avant! (*L'infanterie prussienne engage le feu avec les Français qui sont dans la coulisse et sort de scène en marchant à la baïonnette. Brunswick, à la tête de sa cavalerie, se porte*

ensuite du même côté, pour soutenir sa division. — Pendant ce temps, Hoche, à la tête d'une partie des assiégés, est descendu dans les fossés de la ville, il escalade l'épaulement pour s'emparer de l'artillerie prussinne. Les soldats et les agricoles se précipitent à sa suite, et tuent les artilleurs sur leurs pièces. — Les Prussiens repoussés rentrent en scène et fuient en désordre. — Hoche, qui a fait retourner les canons contre les Prussiens, les mitraille et les met complétement en déroute. — Les Prussiens et les autrichiens, pris aussi entre deux feux, viennent tomber en scène ou demander grâce en jetant leurs armes. Dumouriez arrive à cheval à la tête de sa cavalerie. — Les remparts de la ville se garnissent d'habitants qui agitent des drapeaux. Partout des cris de victoire.*)

HOCHE, *debout sur un canon et un drapeau à la main.* Général, les Prussiens sont en fuite, et Thionville est libre!

DUMOURIEZ. Soldats, vous avez bien mérité de la patrie! gloire à vous! et vive le France!

TOUS. Vive la France!

ACTE DEUXIÈME.

—

Septième Tableau.

PRÈS WEISSEMBOURG.

La tente de Pichegru, ouverte sur le camp Français.

SCÈNE PREMIÈRE.

PICHEGRU, *étendu nonchalamment sur un canapé et fumant*, DEUX OFFICIERS.

PICHEGRU, *s'interrompant de fumer.* Allons donc! ce n'est pas possible!

PREMIER OFFICIER. Pardon, général, la nouvelle se confirme.

PICHEGRU. Un général en chef, nommé à l'armée de la Moselle, lorsque déjà, je commande l'armée du Rhin! Deux corps de troupes qui se touchent, et qui devaient être réunis sous une seule main, sous la mienne... A quoi pense donc la Convention?

PREMIER OFFICIER. Vous savez, général, que les comités se renouvellent, d'autres hommes amènent d'autres idées, on organise et on désorganise perpétuellement.

PICHEGRU, *qui a repris sa pipe.* Et dans le camp, qu'est-ce qu'ils disent de cette nomination?

L'OFFICIER. On parle de réformes projetées par le nouveau général, il veut, dit-on, détruire les abus, resserrer la discipline...

PICHEGRU. C'est quelque blanc-bec qui ne doute de rien!... quelque protégé de conventionnel... un soldat d'avant-hier!...

L'OFFICIER. On assure qu'il s'est distingué au siége de Thionville, et, plus tard, à Dunkerque...

PICHEGRU, *nonchalamment et fumant sa pipe.* Et vous nommez ça ?...

L'OFFICIER. Hoche...

PICHEGRU. Hoche !.. ce nom-là ne m'est pas inconnu.. où diable l'ai-je entendu prononcer ?

SCÈNE II.
LES MÊMES, LENOIR.

LENOIR, *qui est entré sur les derniers mots.* Je vais vous le dire, général.

PICHEGRU. Eh ! c'est mous Leblanc '...

LENOIR. Lenoir, s'il vous plaît, fournisseur général des deux armées de la Moselle et du Rhin !.. grâce à votre protection !...

PICHEGRU. Ah çà, depuis six mois que je ne t'ai vu, tu as dû faire de bonnes affaires ?

LENOIR. Oh! de bien médiocres !..

PICHEGRU. On dit pourtant que tu t'engraisses aux dépens du soldat...

LENOIR. M'engraisser! J'en suis incapable. Regardez plutôt. Je ne gagne pas de l'eau à boire... j'ai trop de conscience, parole d'honneur !..

PICHEGRU. Ça se voit sur ta physionomie.

LENOIR. Vous me flattez, général ! (*Lui présentant des papiers.*) Mais, bah ! pourvu que vous signiez mes bordereaux de fournitures...

PICHEGRU, *prenant la plume et signant.* Dis que je signe ton brevet de... (*riant*) de voleur.

LENOIR. Ça vaut de l'or... (*Reprenant les papiers*) Merci, général... ah ! c'est que j'aime mieux avoir affaire à vous qu'au nouveau chef de l'armée de la Moselle !..

PICHEGRU. Ah! tu le connais.

LENOIR. Et vous aussi !.. Vous l'avez oublié ; mais lui il a ses raisons pour se souvenir de vous...

PICHEGRU. Comment?

LENOIR. Cette balafre, à Versailles ! Le beau sergent !...

PICHEGRU. Ah! en effet !.. Quoi ! c'est lui !.. devenu général... comme moi ?.. Parbleu ! j'aurais dû m'en douter à l'antipathie qu'il m'inspirait d'avance !

LENOIR. Quant à ça, général, il n'est pas en reste avec vous... Car enfin, s'il me cherche chicane, à moi, s'il me traite de... ce que vous disiez tout à l'heure en riant, c'est parce que je suis votre protégé. Impatient de se signaler, il se plaint de votre inaction... Il ose dire que vous n'avez vu l'ennemi qu'avec une lunette d'approche, que vous n'avez connu les boulets qu'à la fonderie... et cætera...

PICHEGRU, *se levant.* Morbleu !... (*Se reprenant.*) Il faut que j'aille lui faire ma visite...

LENOIR. Vous n'aurez pas besoin de vous déranger ; je crois qu'il est en route pour venir vous voir... (*On entend battre aux champs.*) Et tenez, le voilà !...

SCÈNE III.
LES MÊMES, OFFICIERS, *puis* HOCHE.

HOCHE. Salut, général. Le ministre de la guerre désire que je m'entende avec vous pour les opérations de la campagne. Vous êtes mon ancien par l'âge et par le grade ; je vous devais la première visite...

PICHEGRU, *avec ironie.* Comment donc ! une ancienne connaissance ! Ce sont des souvenirs gravés là !.. (*Il montre son front.*) La Convention a des procédés, mon cher collègue de Versailles : elle a voulu que nous fussions toujours égaux !.. Elle partage une armée entre nous! elle pourrait bien aussi nous faire camper sous la même tente !.. Pourquoi pas ? c'est un peu étroit... mais on peut s'arranger... A la guerre comme à la guerre !..

HOCHE. La guerre! je l'appelle de tous mes vœux, et j'espérais la trouver ici !..

PICHEGRU. Oh ! vous voilà bien ! une tête chaude, une valeur impétueuse !.. c'est de votre âge !.. Mais, pour devenir un grand capitaine, il faut encore d'autres qualités, jeune homme.

HOCHE. Oui, oui : sang-froid, patience et prudence... Trois vertus pour lesquelles on est ici à bonne école !..

PICHEGRU. On y a du moins quelques leçons à prendre, et quelques propos à oublier !.. Eh ! je sais ce que l'on débite sur mon compte !.. Je n'ai vu l'ennemi que de bien loin, à travers une lunette d'approche !..

LENOIR, *à part.* Aïe ! aïe ! aller lui répéter ça !.. que c'est maladroit !

PICHEGRU. Je n'ai connu les boulets qu'à la fonderie...

LENOIR, *à part.* Il me compromet !

PICHEGRU. Et, quant à la discipline, on m'accuse de mollesse, de complaisance, n'est-ce pas?..

HOCHE. Général, j'ai l'habitude de dire toute ma pensée, à mes égaux comme à mes supérieurs... J'ai étudié mes nouveaux devoirs le jour où j'ai été nommé général en chef...

PICHEGRU. En chef !..

HOCHE. En chef, comme vous?.. J'ai vu que le premier de ces devoirs était de réprimer les abus, les scandales qui compromettent le nom français, partout où ces scandales se produisent, fût-ce même chez des amis..

Que dis-je? surtout chez des amis, pour n'être pas soupçonné de complicité!..

PICHEGRU. Ce sont là de belles paroles, mais...

HOCHE. Il y a plus que des paroles... je puis vous citer des hommes *(regardant Lenoir)* qui s'enrichissent par d'odieuses épargnes sur la nourriture, le bien-être et la santé du soldat!..

LENOIR, *à part.* Comme il me regarde!..

HOCHE. Je viens de voir toute l'armée... comment est-elle vêtue? comment est-elle nourrie? Il est temps de mettre un terme à la rapacité des fournisseurs, et de rappeler bien haut que les soldats de la France veulent être ménagés, et que la substance la plus pure de la patrie ne doit pas être livrée en proie à des sangsues affamées!..

PICHEGRU, *frappant sur l'épaule de Lenoir.* Et vous avez bien raison.

LENOIR. Hein?

HOCHE. Je suis bien décidé pour ma part. Le premier fournisseur dont je surprends le crime... car c'est un crime... fusillé!

LENOIR, *à part.* Diable!..

PICHEGRU, *riant.* Ah! ah! c'est pour Lenoir que vous parlez?.. Je vous l'abandonne ce cher riz-pain-sel...

LENOIR. Comment?.. Général, mais faites attention.

PICHEGRU. Ne vois-tu pas que mon collègue plaisante?.. Ah! ah!..

LENOIR, *s'efforçant de rire.* Il plaisante... Ah! ah! ah!

PICHEGRU. C'est bien... Va à tes affaires, maintenant...

LENOIR, *à part.* Je ne me le ferai pas dire deux fois... *(Saluant Pichegru.)* Général... *(Saluant Hoche.)* M. le général en chef... *(A part)* Entre deux feux... comme à Versailles!.. *(Il sort.)*

SCÈNE IV.

LES MÊMES, *excepté Lenoir.*

PICHEGRU. Sérieusement, mon jeune et nouveau collègue, venez-vous en ami ou en ennemi?

HOCHE. Je ne connais d'ennemis que ceux de la France; la patrie, sur qui nous devons toujours avoir les yeux fixés, serait compromise par nos divisions; c'est pourquoi je vous offre la main...

PICHEGRU. Soit!..

HOCHE, *lui donnant la main.* Seulement, puisque nous devons agir de concert, si quelque traître échappait à votre vigilance, vous engagez-vous à me le livrer?..

PICHEGRU. Sans aucun doute; à charge de revanche...

HOCHE. Même s'il s'agissait d'un ami?..

PICHEGRU. D'un ami? que voulez vous dire?

HOCHE. Il y a ici un homme qui a surpris votre confiance... Un officier qui s'est vanté d'avoir pris un drapeau aux Autrichiens. C'était un mensonge... Ce drapeau, il l'a reçu des mains d'un soldat mourant. Abusé par son rapport, vous l'avez envoyé porter ce trophée à la Convention, et le ministre de la guerre l'a nommé, ce Delambre, général de brigade... Ce grade est volé, comme sa gloire!.. Vous ne le saviez pas, je le crois... mais je vous en avertis loyalement...

PICHEGRU. Merci!... Quand j'aurai la liste de vos officiers, soyez sûr que je l'éplucherai aussi, pour vous rendre le même service!...

HOCHE. A la bonne heure!... — Ayons l'œil sur les mauvais soldats, surtout à l'approche d'une bataille; car je suppose que nous allons attaquer les Autrichiens retranchés dans Kaiserlautern?...

PICHEGRU. J'ai résolu d'attendre.

HOCHE. Encore! Eh bien, moi, je suis prêt à marcher en avant!...

PICHEGRU. Général!

HOCHE. Assez de repos et de lenteurs!... La France s'énerve dans cette oisiveté! — Emportés par cette grande crise révolutionnaire qui dévore les heures et les minutes, est-ce la lente et vieille tactique des rois et des anciens généraux qu'il s'agit de suivre? — Un peu moins de science, et beaucoup plus d'énergie!... — La France s'est sauvée par l'héroïsme, eh bien, sachons être des héros, ou cédons la place à d'autres!...

PICHEGRU. Jeune homme, jeune homme, cette exaltation a ses dangers!

HOCHE. Et cette prudence a aussi les siens...

PICHEGRU. Je garde mes convictions...

HOCHE. Et moi les miennes... Enfin, puis-je compter sur les huit bataillons que le ministre de la guerre m'a autorisé à vous demander?

PICHEGRU. Je m'empresserai d'exécuter ses ordres, dès que je les aurai reçus...

HOCHE. Et s'ils se font attendre?

PICHEGRU. J'attendrai,.

HOCHE. En ce cas, j'agirai seul!...

PICHEGRU. A votre fantaisie!...

HOCHE. Adieu, général!

PICHEGRU. Adieu, général!... *(A part).* Il se perdra. *(Les deux généraux se saluent, Hoche sort).*

SCÈNE V.

PICHEGRU *seul.*

Va, jeune homme, va, poursuis tes

plans téméraires !..... Ton impétuosité te fera dépasser le but..... C'est là que je t'attends.. Deux généraux en chef si voisins l'un de l'autre... deux soleils sur l'horizon !... Non, non !... Hoche ou Pichegru. Nous verrons bientôt qui des deux éclipsera l'autre !...

SCÈNE VI.

PICHEGRU, L'OFFICIER, *puis* HERMINIE.

L'OFFICIER. Général, une dame qui vient de traverser le camp dans sa voiture, demande à être admise auprès de vous...

PICHEGRU. Une dame ? qu'on l'introduise !...

HERMINIE *à part en entrant.* C'était lui ! Hoche ! on ne m'avait pas trompée !...

PICHEGRU. Que vois-je ? la belle baronne de Fradembourg... Comment suis-je assez heureux, belle dame, pour que vous m'honoriez de votre visite ?...

HERMINIE. Je vous rends celles que vous me faisiez à Strasbourg lorsque j'y demeurais avec ma tante. — Je l'ai perdue, général... — C'était, vous le savez, une parente du maréchal Wurmser. — Elle m'a laissé un château aux environs de Wissembourg, et c'est de là que je viens nouer avec vous des relations de bon voisinage...

PICHEGRU. Vous n'avez donc pas oublié un de vos plus fervents adorateurs ?

HERMINIE. Je n'ai rien oublié, général ; et le séjour de Strasbourg ne me rappellerait que des souvenirs agréables.

PICHEGRU. Madame...

HERMINIE. Sans les derniers événements...

PICHEGRU. Ah ! oui, la découverte de ce complot tramé, dit-on, par les coalisés.

HERMINIE. Que sais-je ?... à la nouvelle des dangers qui vous avaient menacés, j'ai presque perdu la tête, je me suis enfuie... Ah ! les pauvres femmes sont bien à plaindre dans ces temps de troubles et de guerre !

PICHEGRU. On dit pourtant que plusieurs femmes sont mêlées à ces intrigues...

HERMINIE. Le croyez-vous ? J'en serais bien surprise, moi qui n'aspire qu'à trouver quelque retraite où je puisse vivre dans un repos absolu...

PICHEGRU. Eh ! mais, si vous aviez besoin de protection...

HERMINIE. Je ne refuserais pas la vôtre, général, à moins qu'en reprenant les armes, vous ne me comptiez aussi parmi vos ennemis ; mais il paraît que l'on ne songe pas à vous attaquer ?

PICHEGRU. Mon Dieu, non ; immobilité complète !

HERMINIE. Et de votre côté, vous semblez garder la même réserve ?

PICHEGRU. Je vous avoue que je cherche à gagner du temps.

HERMINIE *à part.* Fort bien (*Haut*). Du reste, d'après ce que j'ai ouï dire, les puissances fatiguées ne demanderaient pas mieux que d'entrer en négociation... mais il faudrait, disent-elles, pour des affaires de cette nature, des esprits fins, déliés, sans préjugés... tels que le vôtre, général.

PICHEGRU. Ah ! madame...

HERMINIE. Oui, oui, l'on devrait bien s'adresser à vous ; je suis sûre que vous seriez tout disposé à comprendre les questions les les plus délicates...

PICHEGRU. Surtout, madame, si vous étiez la plénipotentiaire...

HERMINIE. Vraiment ?... Eh bien, c'est au bal que je veux faire l'essai de ma puissance.

PICHEGRU. Au bal ?...

HERMINIE. Je viens vous inviter moi-même. — Je veux donner une fête en mémoire de la proclamation de votre république...

PICHEGRU. Je ne vous croyais pas si républicaine...

HERMINIE. Ma foi, ni moi non plus... mais vous savez, pour nous autres femmes, tous les prétextes sont bons, et je serais capable de fêter l'anniversaire...

PICHEGRU. De l'avénement du roi Dagobert...

HERMINIE. Au risque d'être convaincue de royalisme... D'ailleurs, nous saisissons, messieurs, toutes les occasions de vous plaire...

PICHEGRU. Trop aimable !

HERMINIE. C'est dans trois jours ; et j'espère bien que d'ici là, aucun mouvement de troupes...

PICHEGRU. Oh ! non... à moins que mon nouveau collègue...

HERMINIE. Le général Hoche ?...

PICHEGRU. Vous le connaissez ?

HERMINIE. Oui... le hasard en a fait mon hôte, il y a un mois...

PICHEGRU. Ah ! comment cela ?

HERMINIE. Il passait près de mon château pour se rendre à son quartier général ; l'essieu de sa voiture s'étant brisé, il a été forcé de s'arrêter chez moi...

PICHEGRU. Longtemps ?

HERMINIE. Deux jours seulement...

PICHEGRU. Vous n'avez pas eu de peine à le retenir !...

HERMINIE. Je vous demande pardon, général ; il s'est fait beaucoup prier pour accepter mon hospitalité...

PICHEGRU. Et ensuite, sa galanterie...

HERMINIE. Oh ! sa galanterie ! je ne le crois amoureux que de la gloire... c'est un esprit chevaleresque ! héroïque !..

PICHEGRU. Aventureux !

HERMINIE. On m'avait dit, je crois, qu'il devait se rendre ici !

PICHEGRU. En effet, il était là tout à l'heure...

HERMINIE. Occupé de plans de bataille ?

PICHEGRU. Toujours.

SCÈNE VII.

LES MÊMES, LENOIR.

LENOIR, *entrant*. Le général Hoche est parti... je respire !

HERMINIE. Ah ! déjà !

LENOIR, *saluant*. Oui, madame, il vient de franchir les avant-postes.

HERMINIE, *à Pichegru*. En ce cas, général, veuillez vous charger de lui transmettre mon invitation...

PICHEGRU, *avec dépit*. Comment donc, madame ! avec beaucoup de plaisir.

HERMINIE, *à Lenoir*. Et j'espère que le fournisseur général ne nous manquera pas.. J'ai vu monsieur à Strasbourg.

LENOIR. Disposez de moi, belle dame.

PICHEGRU. Seulement, madame... ne le chargez pas de la fourniture des rafraîchissements... je plaindrais vos invités.

LENOIR. Ah ! madame, ne faites pas attention... ce sont des propos du général Hoche...

HERMINIE. Eh ! eh ! prenez garde, le général Hoche m'inspire beaucoup de confiance...

PICHEGRU. J'ai cru m'en apercevoir, madame.

HERMINIE. Mais vous avez la mienne... puisque je suis ici.

PICHEGRU. Charmante ! (*A part.*) Est-ce qu'il serait partout mon rival ? Parbleu ! nous verrons...

HERMINIE. A bientôt, général.

PICHEGRU. A bientôt, madame... (*Il lui baise la main et la reconduit. — Changement.*)

Huitième Tableau.

Un salon du château de Fradembourg.

SCÈNE PREMIÈRE.

JEANNETTE, *un homme vêtu en paysan, c'est un des chambellans du troisième tableau.*

L'HOMME, *entrant mystérieusement*. Pst !.. (*à Jeannette*) cette lettre à madame la baronne de Fradembourg.

JEANNETTE. Encore !

L'HOMME. A elle seule, en secret, comme toujours...

JEANNETTE. Ça suffit.

L'HOMME. Chut ! Dans deux heures, je viendrai chercher une réponse. Bonjour, mon enfant...

JEANNETTE. Bonjour, monsieur. (*L'homme sort.*) Je dis monsieur, parce qu'il a beau être habillé en paysan, il n'en a pas la mine... Ce n'est pas comme les gens de chez nous... Y a-t-il des mystères ici !.. encore ces lettres à grand cachet qui impatientent ma marraine ; elle commence des réponses et puis elle les jette au feu !.. Qu'est-ce que ça peut être ?... Assurément, je ne suis pas curieuse... mais j'ai une envie de savoir !... Ah ! la voilà... comme elle a l'air agité !

SCÈNE II.

HERMINIE, JEANNETTE.

HERMINIE, *allant s'asseoir à part*. Viendra-t-il ?..

JEANNETTE, *s'approchant d'elle tout doucement*. Marraine...

HERMINIE. Ah ! c'est toi, mon enfant ?..

JEANNETTE. Pardon, marraine, mais vous m'inquiétez beaucoup...

HERMINIE. Comment ?

JEANNETTE. Cette nuit, je vous ai entendue vous promener à grands pas dans votre appartement... et puis vous parliez tout haut : « Les Français !.. je les déteste !.. » Et un instant après, vous disiez : « Non.. oh ! non !.. je ne puis plus les haïr !.. » Moi, je serais plutôt de cet avis-là, si vous me le demandiez... Le jour où nous avons traversé cette forêt, j'en ai vu de bien gentils, sans parler du grand sergent qui, un beau matin, s'est trouvé général, et qui ne vous a pas reconnue quand il est venu ici... Vous, c'est différent... vous l'avez dévisagé tout de suite.

HERMINIE. Chut ! j'espère que tu ne parleras jamais de cette aventure ?..

JEANNETTE. Ni de ça, ni de bien d'autres choses que je ne comprends pas... bouche close, obéissance aveugle, et jamais de questions !.. Ah ! c'est bien dur à la longue, allez !.. et je n'y tiens plus, je vous en avertis...

HERMINIE. Enfant ! et cependant, je compte sur toi.

JEANNETTE. Oh ! oui, ma marraine ! Vous m'avez dit : Viens auprès de moi, tu es orpheline, tu es bonne fille, bien ignorante, tu ne sais pas lire... Il paraît que c'est une qualité?

HERMINIE. Oui... Qu'est-ce que tu tiens là ?...

JEANNETTE. Des lettres.

HERMINIE. Voyons... (*Décachetant la première.*) Du duc de Brunswick!.. Encore... (*Décachetant la seconde.*) De Wurmser!... Encore!.. (*A part.*) Et rien de lui!.. A-t-il accepté mon invitation?.. le verrai-je ?

JEANNETTE. Pardon, marraine, mais on demande une réponse à ces lettres-là...

HERMINIE. Nous verrons... je la donnerai peut-être...

JEANNETTE, *à part.* Oui... dans le feu... comme à l'ordinaire.

HERMINIE. Surtout, je te recommande une discrétion absolue...

JEANNETTE. Oh n'ayez pas peur!... d'abord, je ne sais rien. (*A part.*) C'est égal, c'est bien désagréable. (*Elle sort.*)

SCÈNE III.

HERMINIE *seule, parcourant les lettres.*

Brunswick!.. Wurmser!.. ils me reprochent mon silence, mon inaction; ils me rappellent mes promesses!.. (*Lisant.*) « Avez-»vous donc abandonné la bonne cause?... »Que devient votre haine contre la France?..» Ah! cette question, que de fois, depuis un mois, je me la suis adressé ! Offensée, humiliée par cette nation que j'ai maudite, d'où vient que mon énergie s'éteint et m'abandonne dans la lutte? Trahirai-je le parti que j'ai juré de servir? Je tiens dans mes mains des secrets redoutables... je sais par cœur la situation des armées.... Pichegru, sans le savoir, m'a livré ses plans, et presque ceux de son rival... Pourquoi hésiter?.. Ah! c'est qu'en perdant nos ennemis, je crains de perdre le plus grand de tous, cet homme dont l'image me trouble et me domine, moi, la fière Herminie!... Ah! plus de faiblesse! il est temps d'élever une barrière infranchissable entre lui et moi!.. Il ne faut que du courage; eh bien! j'en puiserai dans son indifférence, dans son dédain!.. C'est cela... écrivons à Wurmser... ce rapport, c'est la déroute des Français (*Ecrivant*), c'est sa perte à lui, sa mort, peut-être!.. Eh bien! je serai délivrée de ce supplice qui me ronge le cœur!.. (*Appelant.*) Jeannette !

JEANNETTE, *entrant.* Marraine!..

HERMINIE, *achevant d'écrire.* Tu remettras cette réponse...

JEANNETTE. A l'homme de tantôt? Oui, marraine... Mais voici quelqu'un.

HERMINIE. Déjà des invités! Vois un peu qui c'est...

JEANNETTE. Ah! marraine, c'est le sergent!.. c'est-à-dire le général !...

HERMINIE, *se levant.* Lui!... laisse-moi, mon enfant, laisse-moi...

JEANNETTE. Mais, votre réponse...

HERMINIE. Non... non...

JEANNETTE, *à part.* La! quand je le disais! (*On annonce.*) Le général Hoche!... (*Jeannette sort.*)

SCÈNE IV.
HERMINIE, HOCHE.

HOCHE. Je me rends à votre invitation, madame la baronne, et je vous remercie en même temps de l'hospitalité que vous m'avez accordée... Mais pardon, je vous dérange peut-être...

HERMINIE. Non, général...

HOCHE. Vous écriviez, je crois?

HERMINIE. Oui... une lettre qui n'a plus d'objet... (*Elle la déchire. Ils s'asseyent.*) Je suis heureuse que vous ayez devancé l'heure du bal...

HOCHE. Oh! c'est que depuis quelques jours, je ne vis plus, je ne tiens plus en place, et je me sens d'une impatience!..

HERMINIE, *avec joie.* Vraiment?

HOCHE. Oui... il me tarde d'agir, de sortir enfin de ce cercle d'oisiveté que l'on trace autour de moi pour enchaîner mon ardeur!..

HERMINIE, *avec dépit.* Ah! la gloire, toujours!... voilà ce qui vous séduit, ce qui vous passionne !...

HOCHE. Oui, la gloire, et l'amour de la patrie! C'est vers la France que s'élancent tous les battements de mon cœur !...

HERMINIE. Eh bien! cet enthousiasme, je le comprends, et je me sens digne de le partager...

HOCHE. Vous, madame? une étrangère!

HERMINIE. Croyez-vous donc qu'une femme soit insensible à ces généreuses inspirations, et qu'une étincelle ne puisse pas rejaillir de votre âme sur la sienne? Oui, j'en ai vu qui étaient rebelles à tous les sentiments dévoués, qui ne connaissaient que la haine, la vengeance!... et qui cependant oublieraient tout pour confondre leurs idées avec celles d'un homme supérieur, d'un héros !... Ah! ce serait là une victoire digne de vous!

HOCHE. De moi, madame?

HERMINIE. Et pourquoi non? pourquoi ne se trouverait-il pas une femme d'un esprit élevé qui serait heureuse de vous faire une couronne de tous les vains hommages qui l'entourent?

HOCHE. Madame la baronne, excusez-moi, je ne saurais prétendre à tant de sacrifices.

HERMINIE. Ah! c'est que vous ne savez pas, vous, que l'amour de la patrie dévore, vous ne savez pas quel immense service vous pourriez rendre à cette France, en lui ramenant des cœurs que le ressentiment d'une injure pourrait jeter dans le parti ennemi, et qui seraient prêts à devenir Français comme vous!

HOCHE. Que voulez-vous dire?

HERMINIE. Rien... Je supposais une femme éprise de la gloire comme vous, et inclinant sa fierté devant le plus glorieux représentant de ce siècle de grands capitaines.

HOCHE, *se levant*. Madame, je ne puis ni ne dois comprendre ce langage... Je suis loin de mériter l'honneur qui me serait réservé... et je n'ose même l'entrevoir... Souffrez donc...

HERMINIE, *à part*. Ah! toujours de l'indifférence!

JEANNETTE, *entrant*. Marraine, marraine!

HERMINIE. Qu'est-ce donc?

JEANNETTE. Ce sont deux femmes qui se sont présentées aux portes du château... L'une âgée, l'autre jeune... Comme on refusait de les introduire, la bonne femme s'est mise en colère, et d'un ton brusque, avec un geste, oh! mais un geste!... comme ça... Elle a dit au domestique : « Laisse-moi passer, faquin; je veux parler à mon petit général.

HOCHE. Comment? Je vais...

HERMINIE. Non, recevez-les ici... c'est peut-être quelque affaire urgente... (*A Jeannette.*) Dis qu'on les fasse entrer...

JEANNETTE. Comment? la bonne femme qui... (*Elle fait un geste.*)

HERMINIE. Oui.

JEANNETTE. Suffit, marraine. (*A part.*) Son petit général! encore un mystère! (*Elle sort.*)

HOCHE. Mais, madame...

HERMINIE. Agissez, général, comme si vous étiez chez vous... Je vous laisse pour m'occuper de ma toilette... car vous savez que pour rendre ma fête plus digne de vous, j'ai voulu que tous nos invités fussent vêtus à la dernière mode de Paris; nous aurons des incroyables...

HOCHE, *froidement*. Je suis sensible à ces attentions!

HERMINIE, *à part en sortant*. Ah! c'est un cœur invulnérable...

SCÈNE V.

HOCHE, Mme GIRAUD, LOUISE.

JEANNETTE. Entrez, madame, entrez; voilà le petit général! (*Elle sort.*)

HOCHE. Ma tante!...

Mme GIRAUD. Ah! te voilà donc, fiston!..

HOCHE. Ma tante, chère Louise, quel bonheur de vous revoir!...

Mme GIRAUD. Comment?.. c'est bien toi, mon neveu!.. — Oh! le bel uniforme!... — Mais regarde donc, petite... — Ah! je savais bien que le militaire était un superbe état! Je l'ai toujours dit à Louise... lui qui n'était que sergent!... — Mais avance donc, Louise!...

LOUISE. Je n'ose pas...

HOCHE. Ah! n'aie pas peur, Louise, je suis toujours le même!...

Mme GIRAUD. Ah bien, les laquais d'ici sont plus fiers que toi!... Ils ne vou'aient pas me laisser entrer, à cause de nos vêtements... — Ma foi, je n'ai pas eu le temps d'en changer, ç'aurait été trop long, et j'étais pressée de t'embrasser!...

HOCHE. Mais j'ai eu bien rarement de vos nouvelles; qu'avez-vous fait depuis que je ne vous ai vues?...

Mme GIRAUD. Ma foi, j'avais établi un petit commerce à Thionville et à Metz... c'est là que j'ai appris tous tes grades par les pratiques... Car je sais bien que tu n'avais pas le temps d'écrire. Dieu sait si j'étais fière!... Et Louise donc!

LOUISE. Je priais le ciel pour vos jours, en le remerciant pour vos triomphes...

Mme GIRAUD. Ma foi, je n'y tenais plus, et quand j'ai su que tu te rendais à ton armée, j'ai encore une fois vendu mon fonds, et je suis partie... — Arrivée au camp, on m'a dit que tu étais venu au château où il y a grande fête; — va pour la fête!... nous la verrons. — Ah ça, tu nous présenteras?...

HOCHE. Comment donc?

LOUISE. Mais, ma mère...

Mme GIRAUD. Et pourquoi pas?... — La mère Giraud ne fait honte à personne!... et elle dit leur fait aux plus huppés!...

HOCHE. Ah! ma tante, et ce n'est pas moi qui oublierai jamais, ni ce que vous avez été pour moi, ni les sentiments inaltérables qui m'attachent à Louise!...

Mme GIRAUD. Eh bien, embrasse-la donc, fiston!

HOCHE. De grand cœur. (*Il embrasse Louise.*)

SCÈNE VI

LES MÊMES, HERMINIE, LENOIR, INVITÉS.

HERMINIE. Que vois-je?...

LENOIR. Tableau de famille!...

HOCHE, *présentant madame Giraud*. Ma tante, madame la baronne...

LENOIR, *à part*. Sa tante !... Comment, il a le cœur de l'avouer !

HERMINIE. Et cette jeune fille ?...

HOCHE. Ma sœur, mon amie d'enfance !. J'espère, madame la baronne, que vous reporterez sur elles une partie du bienveillant accueil que vous m'avez réservé...

HERMINIE. Général, tous ceux qui vous intéressent sont les bien venus chez moi...

Mme GIRAUD, *faisant la révérence*. Citoyenne baronne... à votre service...

LOUISE, *saluant*. Madame...

HERMINIE, *à part*. Cette jeune fille est bien jolie !

LENOIR. Eh ! bonjour, chère madame Giraud !...

Mme GIRAUD. Tiens, c'est M. Lenoir !... Bonjour, gros père !... Eh bien, ça va-t-il un peu votre commerce ?

LENOIR. Eh ! eh ! doucement.

HERMINIE, *à Lenoir*. Vous connaissez ces dames ?

LENOIR, *avec un peu de dédain*. Oui, une fruitière de Versailles..

HOCHE, *avec intention*. Qui a toujours fait son état bravement et honnêtement, citoyen Lenoir !...

HERMINIE, *à part*. Il m'apprendra ce que je veux savoir... (*Haut.*) La fête va commencer...

LOUISE. Retirons-nous, ma mère.

HERMINIE. Pourquoi donc ? Restez, mesdames ; les parents du général me font honneur en demeurant dans mon château.— Ma fête qui était celle de la Réconciliation, sera aussi celle de l'Egalité... Votre main, général...

Mme GIRAUD, *à Lenoir*. Eh bien, voilà une brave aristocrate !

LENOIR. Eh ! eh ! ne vous y fiez pas !... (*Ils sortent. Changement.*)

Neuvième Tableau.

SCÈNE PREMIÈRE.

LENOIR, *entrant avec madame Giraud et Louise*. Tenez, placez-vous là, citoyenne Giraud ; vous jouirez du grand coup d'œil du buffet... convenez qu'il fait meilleur ici qu'à Thionville.

Mme GIRAUD. Aussi, vous avez le caquet plus haut.... (*On annonce.*) Le général Pichegru. (*Pichegru entre.*)

LENOIR. Eh ! cher général, arrivez donc ! vous êtes un peu en retard ; votre jeune collègue vous a précédé !..

PICHEGRU. Il est déjà ici ?

LENOIR. Je le crois bien, il est avec la Baronne, et tenez, le voilà qui nous l'amène. (*Hoche et Herminie entrent.*)

HERMINIE, *quittant le bras de Hoche et s'avançant vers Pichegru*. Ah ! c'est vous que nous cherchions, général ; je suis heureuse de réunir ici deux capitaines d'un si rare mérite : un seul aurait déjà suffi pour illustrer ma fête....

PICHEGRU. Un seul, c'est mon avis, madame, et sans doute le général pense comme moi ?

HOCHE, *haut et en riant*. Pardonnez-moi, général, je pense tout le contraire. (*Bas à Pichegru.*) Pichegru, au nom de la France ne donnez pas ici le triste spectacle de nos inimitiés !... Voyez, on nous observe ; il faut qu'on nous croie en parfaite intelligence... Voulez-vous me donner votre bras pour traverser la galerie ?..

PICHEGRU. Comment donc, cher collègue ! ce sera un plaisir...

HOCHE, *vivement*. Bien partagé. (*Ils se prennent le bras et se promènent en s'arrêtant près de différents groupes.*)

HERMINIE, *à Lenoir*. Monsieur Lenoir, je vous recommande nos nouvelles venues, ces parentes, ces amies du général Hoche... La jeune fille m'intéresse particulièrement...

LENOIR. La petite Louise?...n'est-ce pas, madame, qu'elle est charmante ?...

HERMINIE. Quel enthousiasme !...... (*En riant.*) Auriez-vous des prétentions, par hasard?

LENOIR. Autrefois j'en avais.... et je ne redoutais pas sa rivalité !... mais, depuis qu'il a monté en grade....

HERMINIE. De qui parlez-vous ?..

LENOIR. De lui donc, du grand serg... du grand général !...

HERMINIE. Hoche !

LENOIR. Oui...

HERMINIE. Il l'aimait ?

LENOIR. Il l'aime toujours.

HERMINIE, *à part*. Ah! c'est une rivale ! je m'en doutais. (*Voyant Hoche et allant à lui.*) Ah ! général, c'est beau, c'est très-beau, et je n'attendais pas moins de votre délicatesse.

HOCHE. Quoi donc, madame ?

HERMINIE. Ce que l'on vient de m'apprendre... quoi! ni le temps, ni l'absence, ni ce rang élevé que vous occupez aujourd'hui, n'ont pu effacer de votre cœur une tendre affection de vos premières années!.

HOCHE. C'est vrai, madame, je l'avoue hautement; sergent, j'aimais, j'adorais ma petite Louise.... général, je l'épouserai!...

HERMINIE. Ah!

LOUISE, *à madame Giraud.* Ma mère!...

Mme GIRAUD. Bien! fiston! et cette fois, je n'y mets pas d'opposition...

HERMINIE, *avec effort.* Oui... c'est bien, très-bien!...

LENOIR, *à part.* Il est fou!..

PICHEGRU. Ma foi, c'est un beau trait!.. je m'aperçois, madame, que vous êtes comme moi ravie d'admiration!.. Comment trouvez-vous la future générale? Bien jolie, n'est-ce pas?

HERMINIE. Oui, jolie!.. Pardon, voici le signal de la fête... (*Haut.*) Mesdames, prenez place. (*A Louise.*) Venez donc près de moi, ma belle enfant.

BALLET.

Quadrille d'incroyables et de merveilleuses Danses de l'époque.

(*Après le ballet.*)

UN OFFICIER, *entrant, à la Baronne.* Excusez-moi, madame la baronne, je cherche ici le général en chef...

PICHEGRU. Que me voulez-vous?

L'OFFICIER. Pardon, général, ces dépêches sont pour le général Hoche...

PICHEGRU. Fort bien...

HOCHE. Donnez. (*Ouvrant les dépêches.*) Que vois-je? pas un instant à perdre! (*A l'officier.*) Faites préparer mon escorte...

PICHEGRU. Vous partez?

HOCHE. Sur-le-champ! Excusez-moi, madame la baronne, si je mêle les apprêts d'un combat à l'éclat d'une fête.

HERMINIE. Un combat!

HOCHE. L'ennemi s'est montré dans la direction où je l'attendais; c'est à Kayserlautern que je veux l'écraser...

HERMINIE, *à part.* Ah! je le savais et je n'ai pas écrit à Wurmser!

PICHEGRU. Une victoire improvisée?...

HOCHE. Oui, général; voulez-vous en partager l'honneur?...

PICHEGRU. Merci, jeune homme; les aventures, les coups de tête, cela vous appartient.

HOCHE. Adieu donc!...

Mme GIRAUD. Mon cher neveu!

HOCHE. Mais, j'y songe, Louise, et sa mère?

HERMINIE. Ne soyez pas inquiet; je les garde dans mon château, et demain je les ferai reconduire à votre quartier général.

HOCHE. Je vous rends mille grâces. Adieu, ma tante; adieu, chère Louise; je vous les confie, madame la baronne.

HERMINIE. C'est un dépôt dont je connais le prix maintenant!

HOCHE, *à ses officiers.* A cheval, messieurs, à cheval!

PICHEGRU, *à la Baronne.* Et nous, à la fête!

<hr>

Dixième Tableau.

A Kaiserlautern.—Un cabinet dans la maison occupée par le général Hoche.—Au changement, des soldats approchent une table et des siéges: puis, entrent des généraux de brigade, des aides de camp, des officiers, ainsi que des ordonnances qui attendent les dépêches qui leur seront remises.

SCÈNE PREMIÈRE.

UN GÉNÉRAL DE BRIGADE, GÉNÉRAUX, AIDES DE CAMP, SOLDATS, ORDONNANCES, *puis* HOCHE.

LE GÉNÉRAL DE BRIGADE, *aux ordonnances.* Au général Ambert... au chef de brigade Anglar... au représentant du peuple Lacoste! (*Il leur remet des dépêches et ils sortent.* — *Aux autres personnages.*) Le général!...

HOCHE, *entrant.* Bonjour, mes amis, bonjour...

TOUS. Général...

LE GÉNÉRAL DE BRIGADE. Général, mes camarades sont venus vous complimenter sur le combat de Geisberg et sur votre entrée dans Kaiserlautern.

HOCHE. Je vous remercie tous, et je rends à chacun de vous la part qui lui revient dans le succès... Le succès!... ah! il pouvait être plus grand, il pouvait être complet!... Nous devrions aujourd'hui avoir en nos mains Wurmser et tout son corps d'armée!... Wurmser, qui nous avait attendu, sur la rive droite de la Lauter, au lieu de la passer et de venir à nous; Wurmser, qui se croyait à l'abri dans les positions de Geisberg, enlevées par nos troupes avec tant d'ardeur et en si peu de temps!

LE GÉNÉRAL DE BRIGADE. Sans ce Delambre...

HOCHE. Delambre!... fût-il cent fois plus

encore l'ami de Pichegru, il portera la peine de sa mollesse, de sa lâcheté, de sa trahison, (*A un chef de brigade.*) Vous l'avez vu, vous surtout dont la demi-brigade a péri presque tout entière!... (*A tous.*) Oui, Delambre, ce général, car il avait ce titre, commandait quatre régiments près du village d'Allstadt, où l'ennemi, traqué, se précipitait pour passer la rivière... Je lui ordonne de charger les troupes qui protégent le passage... il hésite d'abord, puis il jette sa cavalerie dans une plaine marécageuse, où elle est mitraillée, hachée par les batteries de la rive gauche de la Lauter!... C'était plus que de la maladresse, puisqu'on lui avait tracé sa marche et qu'il s'en est écarté. (*On bat aux champs.*) Qu'y a-t-il?

LE GÉNÉRAL DE BRIGADE. Le général Pichegru... (*Il sort.*)

HOCHE. Ah! ah!... je crois, deviner le double motif de sa visite!

SCÈNE II.

LES MÊMES, PICHEGRU.

PICHEGRU. Bonjour, général...

HOCHE. Serviteur...

PICHEGRU, *aux officiers.* Messieurs, puisque vous étiez tous à Geisberg, comme sur la Lauter, recevez une partie des félicitations que j'apporte à votre général... (*Les officiers saluent et sortent.*) Savez-vous que ce double succès avance nos affaires?...

HOCHE. Oui... il achève de rompre l'harmonie de Wurmser et de Brunswick qui se sont séparés et que je vais poursuivre... Il nous donne ici, à Kaiserlautern, de riches magasins que l'ennemi n'a pas eu le temps d'évacuer... Il nous vaudra bientôt le déblocus de Landau et la reprise des lignes de Weissembourg... et alors, de succès en succès, comme je l'espère, nous nous avancerons, les uns vers Mayence, les autres le long de la Sambre et de la Meuse, pour aller prendre à la coalition ce qu'elle voulait prendre à la France, son territoire!...

PICHEGRU. Vous voyez donc bien que mes compliments sont sincères!...

HOCHE. Non!...

PICHEGRU. Comment, non!...

HOCHE. Je veux dire qu'ils sont... exagérés... car vous savez bien que nous n'avons pas eu les résultats que nous pouvions, que nous devions attendre...

PICHEGRU. Mais, tout à l'heure, vous en avez signalé d'assez importants, ce me semble...

HOCHE. Oui, mais Wurmser devait être notre prisonnier... et sans ce Delambre!...

PICHEGRU. Ah! voilà ce pauvre diable encore en cause!...

HOCHE. Il y est peut-être pour la dernière fois...

PICHEGRU. Que voulez-vous dire?...

HOCHE. Qu'il faut punir un homme qui nous a condamnés à une demi-victoire, un traître, peut-être!...

PICHEGRU. Un traître!...

HOCHE. Croyez-vous donc qu'il n'y en ait plus?...

PICHEGRU. Eh bien, général c'est convenu, quand vous en découvrirez, nommez-les,

HOCHE. Ah! je vous en réponds, et ceux qui m'auront échappé, l'histoire ne les manquera pas!...

PICHEGRU, D'accord! mais, laissons là les suppositions, nous qui sommes en présence de réalités difficiles...

HOCHE. Oui, comme tous les généraux de la République...

PICHEGRU. Leur situation n'est pas la même que la nôtre... tous marchent sans cette complication de deux généraux en chef et de deux armées condamnées à une même ligne d'opération!...

HOCHE. Oui, heureux Jourdan, que rien ne distrait de son armée de Sambre-et-Meuse!...

PICHEGRU. J'ai écrit aux représentants Lacoste et Baudot que notre concours, fût-il parfait, ne pouvait rien amener de véritablement profitable pour la France...

HOCHE. Je leur ai adressé une lettre dans le même sens...

PICHEGRU. Je les ai priés d'en référer immédiatement au comité de la guerre...

HOCHE. Eh bien, nous en sommes au même point... c'est un état intolérable...

PICHEGRU. Oui...

HOCHE. Il faut en finir...

PICHEGRU. Je pense comme vous; ma destitution même, je la recevrais avec plaisir!... je me retirerais volontiers!...

HOCHE. Je ne me retirerais pas, moi destitué, je demanderais à servir comme simple grenadier, et je me trouverais encore fort honoré!...

PICHEGRU. Moi, je n'aime pas à descendre!...

HOCHE. On ne descend pas quand on continue de servir son pays!.. (*Un aide de camp entre.*) Qu'y a-t-il?..

SCÈNE III.

LES MÊMES, UN AIDE DE CAMP.

L'AIDE DE CAMP. Général, j'apporte deux

dépêches du comité de la guerre... (*Il lui en remet une.*)

HOCHE, *après avoir regardé la dépêche.* Vous vous trompez; cette dépêche est pour le général Pichegru !...

L'AIDE DE CAMP. C'est vrai, pardon ; voici la vôtre ! ..

PICHEGRU. Ah ! voyons la mienne ! le général Hoche me permettra sans doute d'en prendre connaissance chez lui...

HOCHE, *après avoir lu.* Enfin !.. général en chef des armées réunies du Rhin et de la Moselle !...

PICHEGRU. En ce cas, je devine ce qu'on m'écrit... (*Ouvrant la dépêche et lisant.*) Général en chef de l'armée du Nord !.. Ma foi, j'en suis enchanté ; il vaut mieux que nous ayons chacun notre champ de bataille... Adieu, et sans rancune !.. nous nous séparons aussi bons amis qu'après notre rencontre, vous savez, à Versailles !...

HOCHE. A Versailles, nous n'étions que de simples sergents... ici, nous avons pris sur nous une immense responsabilité !... La France nous regarde ; nous n'avons plus le droit de songer à nous-mêmes, à nos sentiments privés, à nos affections, à de mesquines hostilités !.. (*Au général de brigade, qui entre.*) Eh bien ?...

LE GÉNÉRAL DE BRIGADE. Le conseil de guerre a prononcé !...

PICHEGRU. Sur quelle affaire ?...

HOCHE. Sur celle de Delambre !. .

PICHEGRU. J'espère qu'on aura trouvé qu'il suffisait de quelques jours d'arrêt !...

HOCHE. Quelques jours d'arrêt pour un crime !...

PICHEGRU. Vous savez que je... protégeais Delambre.

HOCHE. Oui ; mais j'aime à croire que vous ne le connaissiez pas bien !... (*Au général de brigade.*) Après ?...

LE GÉNÉRAL DE BRIGADE. Condamné !...

HOCHE. Après ?...

LE GÉNÉRAL DE BRIGADE. Fusillé !...

PICHEGRU. Fusillé !... Ah ! général, on a marché vite !...

HOCHE. Je ne comprends pas la justice boiteuse !... Maintenant, on saura que les épaulettes ne donnent pas l'impunité ; et que chez un peuple régénéré, la loi est égale pour tous comme la Providence !

PICHEGRU. C'est bien ; et je me souviendrai de votre clémence !... (*A part.*) Un jour viendra peut-être où lui-même !... (*Haut.*) Adieu, Hoche !...

HOCHE. Adieu, Pichegru !... (*Pichegru sort.*)

SCÈNE IV.

LES MÊMES, moins PICHEGRU.

HOCHE, *à part.* Pourquoi donc cette révolte continuelle de mon cœur contre lui ?... lorsque je vois Jourdan, Marceau, Kléber, Desaix, Lefebvre, je cours à leur rencontre comme emporté par un entraînement tout fraternel !... Oui, car l'amour de la patrie a fait des frères de nous tous !... Mais lui !... lui !... (*Il reste pensif. — Rumeur au dehors.*) — Qu'y a-t-il ?

HERMINIE, *entrant avec agitation.* C'est moi, général !...

HOCHE. Madame, je ne m'attendais pas... (*Les officiers sortent.*)

SCÈNE V.

HOCHE, HERMINIE.

HERMINIE. Trêve aux complimens... mais excusez-moi d'arriver ici sans être attendue, avec cette précipitation... Votre tante... votre... fiancée... sont auprès de vous, n'est-ce pas ?...

HOCHE. C'est vous qui me faites cette question, madame ?... Ne les ai-je pas laissées dans votre château ?...

HERMINIE. Elles n'y sont plus...

HOCHE. Comment ! Ne m'aviez-vous pas promis...

HERMINIE. Eh ! général, me croyez-vous capable de manquer aux plus simples lois de l'hospitalité ?... N'ai-je pas insisté pour les retenir ?... Et voilà ce qui fait mon inquiétude, ce qui aggrave mes regrets !...

HOCHE. Mais, expliquez-vous, madame ; vous ne voyez donc pas mon impatience...

HERMINIE. Eh bien, entraînées toutes deux par un désir insurmontable de vous revoir, excitées par le bruit répandu que vous alliez vous mettre en marche pour une expédition lointaine, malgré mes conseils et mes prières, elles ont voulu vous rejoindre...

HOCHE. A travers un pays sillonné par l'ennemi ! C'est une bien triste nouvelle que vous m'apportez là, madame !... Eh quoi ! vous les avez laissées partir seules, sans escorte, sans protection !...

HERMINIE. Ah ! général ! Je les ai fait accompagner par plusieurs de mes gens...

HOCHE. Ah !...

HERMINIE. Mais pas un n'est revenu vers moi... L'anxiété m'a saisie, car on parlait de tentatives, hardies, imprévues, de Stein, cet intrépide chef de partisans....

HOCHE. Qui ne cesse de rôder autour de nos avant-postes... Ah ! je crains bien...

HERMINIE. Agitée, tourmentée par mon incertitude, il m'a fallu me mettre en chemin pour savoir... Je gardais l'espoir qu'arrivée ici vous alliez me rassurer en me montrant celles que vous aimez tant... Non !

HOCHE. Eh ! madame, il n'est plus permis de garder même le doute !... Elles seront tombées aux mains des partisans ou de quelqu'un de ces généraux que j'ai devant mon armée... mais je vais si bien et si vivement balayer le pays... (*Appelant.*) A moi, messieurs, à moi !...

SCÈNE VI.

LES MÊMES, LES OFFICIERS.

HOCHE. Écoutez-moi !... Deux femmes que j'aime par-dessus tout, l'une comme si elle était ma mère, l'autre comme une épouse chérie, viennent, je n'en puis douter, d'être enlevées ou par les partisans qui courent la campagne, ou par quelque chef des troupes ennemies, de celles qui composent l'arrière-garde !... Il faut les délivrer, il faut les amener ici !... Dispersons-nous... battons le pays ; pas de repos, pas de trêve !... Ma reconnaissance éternelle à celui qui me rejoindra en me disant : Les voici !... Partons !... Adieu, madame ; partons !... (*Il va pour sortir, et trouve devant lui le général de brigade.*) Eh bien, vous ne m'avez donc pas entendu ?.. Vous restez...

LE GÉNÉRAL DE BRIGADE. Pardon, général, mais les soldats s'attendaient à marcher... :

HOCHE. Eh bien, n'ai-je pas, à l'instant même, donné des ordres ?.. Voulez-vous donc me faire prendre l'habitude de les répéter plusieurs fois ?..

LE GÉNÉRAL DE BRIGADE. Non, général, non.... mais nous comptions poursuivre l'ennemi avec toutes nos forces, vigoureusement, sans nous écarter de la ligne, que vous même avez tracée !...

HOCHE. Mais, encore une fois !... (*Moment de silence.*) Vous avez raison !... Excusez-moi de vous avoir parlé avec quelque vivacité !... vous venez de me rappeler mon devoir, je vous en remercie ; votre main !... (*Il lui prend la main.*) J'avais tort... Un citoyen se doit à sa patrie, avant tout, malgré tout !.. Il faut qu'il impose silence à son cœur, si son cœur voulait le distraire, et qu'il marche les yeux fixés sur le drapeau qu'il a juré de défendre et de faire respecter !... patriote veut dire dévoué quand

même !... N'importe, madame, je les retrouverai !...

HERMINIE. Dieu le veuille, général !...

HOCHE. Allons, messieurs, suivez-moi !... Je me sens disposé à faire prendre aux ennemis le pas accéléré !.. Je les poursuivrai sans relâche, et les fleuves mêmes ne les protégeront pas, fallût-il les traverser à la nage ou les passer sur des ponts improvisés .. Wurmser, Brunswick, j'achèverai de vous séparer, et si bien que vous ne pourrez plus vous réunir !.. Landau sera délivré, nous entrerons dans Weissembourg, et nous irons jusqu'à Mayence crier avec Custine, victoire et liberté !..

TOUS. Vive le général !.. (*Ils sortent.*)

HERMINE, *seule.* Ah! tu ne la reverras plus.

Onzième Tableau.

Au changement, on voit le fleuve dans sa largeur, des pontonniers dans des barques sont occupés à jeter un pont de bateaux.

SCÈNE PREMIÈRE.

HOCHE, *arrivant avec son état-major.* Courage, enfants ; l'ennemi a fait sauter le pont ; mais grâce à nos habiles pontonniers, nous allons traverser le fleuve, et rejoindre les fugitifs. (*Le pont est terminé. L'armée se présente pour le traverser ; à cet instant les Prussiens paraissent sur l'autre rive, et font un feu nourri sur les Français.*) Ils veulent nous disputer le passage, en avant ; soldats, en avant ! (*Une vive fusillade s'engage, puis des Prussiens tombent à l'eau ; les Français s'avancent au pas de charge en croisant la baïonnette ; les Prussiens reculent, disparaissent, et le pont reste libre. Défilé de toute l'armée, avec musique et tambours.*)

ACTE TROISIÈME.

Douzième Tableau.

Un Estaminet hollandais, aux environs de Nimègue. —Au lever du rideau, des paysans et des pêcheurs sont attablés, les uns boivent de la bière, d'autres fument, d'autres jouent aux cartes. — Du feu dans la cheminée.—Tableau Flamand.

SCÈNE PREMIÈRE.

POTTER, *assis à la table de droite.* Je vous dis que l'ennemi est à quatre lieues d'ici, et qu'il s'avance vers Nimègue, tout ça, grâce à l'hiver qui a déjà fait geler tous les canaux de la Hollande...

HUYSMANSS, *à la table de gauche.* Ah ça, toi, là-bas, qui appelles-tu l'ennemi?

POTTER. Qui? eh bien, les Français, donc!

HUYSSMANS. Ce n'est pas vrai!.. nos ennemis, ce sont les Prussiens et les Anglais.

UNE PARTIE DES BUVEURS. Oui, oui, nos vrais ennemis!..

POTTER. Allons donc! eux qui ne sont entrés en Hollande que pour nous protéger, nous défendre!..

HUYSSMANS. Ah! ah!.. belle protection! Des pillards, des grugeurs, qui se sont abattus sur notre pauvre pays comme des bandes de sauterelles.

LES MÊMES. Oui, oui...

HUYSMANSS. Et pis que ça... ils en veulent à notre commerce, à nos colonies, à nos vaisseaux!..

POTTER. Tu déraisonnes, Huysmanss, tu as trop bu...

HUYSMANSS, *se levant.* Tu en as menti, Potter! voilà le reste de mon pot de bière... (*Il lui lance le pot à la tête. Tous se lèvent.*)

POTTER. Ah! chien que tu es! (*Il saisit un tabouret. Le groupe qui l'entoure en fait autant.*)

LES AMIS DE HUYSMANSS, *montrant Potter.* A bas le Prussien! à bas l'Anglais!

LES AMIS DE POTTER. Venez-y donc!..

(*Ils se menacent du poing. On prend les bancs, les cruches et les verres pour se les jeter à la tête. Tumulte et tapage.*)

SCÈNE II.

LES MÊMES, VANDERBECK, JACQUELINE.

VANDERBECK, *s'interposant.* Une bataille dans ma maison!.. La paix, holà, mes amis, la paix!

JACQUELINE, *prenant une pose menaçante.* Par ma grand'mère! le premier qui tape sera tapé... Je ne lui dis que ça, foi de Jacqueline!

POTTER, *remettant son tabouret par terre.* Connu, la maîtresse, connu!.. respect au sexe!..

JACQUELINE. Ah! vous faites du grabuge quand on n'est pas là!.. allons, mon homme, nettoyons la maison! Pousse-moi dehors tout ce côté-ci: moi, je vais balayer celui-là; ça ne sera pas long..

HUYSMANSS. Mais...

JACQUELINE Ah! pas de raisons... sinon! (*Elle fait un geste de menace*) seulement on paie avant de sortir... qu'on soit content ou non...

HUYSMANSS. Suffit, la mère, on a de l'usage. (*Tous portent la main au gousset, et défilent en payant.*)

JACQUELINE, *comptant l'argent.* Bon; le compte y est. Bonjour! une autre fois soyez plus sages.

SCÈNE III.

VANDERBECK, JACQUELINE.

JACQUELINE. Ça a-t-il le sens commun de se disputer comme ça?

VANDERBECK. Dame! c'est la politique; il y a ici des enragés qui compromettent mon établissement. Ils tiennent pour les Français.

JACQUELINE. Ils ont raison; faut toujours prendre le parti des braves gens! Connais-tu un plus brave homme que le père Bastien, notre voisin, ce Français qui est établi ici depuis quinze ans?

VANDERBECK. Ah! les femmes, comme ça raisonne!... Je te dis, moi, que j'ai une autre idée!

JACQUELINE. Tu as une idée, toi! sans ma permission?

VANDERBECK. La politique, femme, la politique!

JACQUELINE. Je n'en connais qu'une, de politique!.. je suis la maîtresse ou je ne la suis pas; et je la suis... ainsi, tais-toi!

VANDERBECK. Mais, femme...

JACQUELINE. Tais-toi!

VANDERBECK. Ah ça, mais...

JACQUELINE. Ah ça, mais; tu sais que je suis bonne; mais quand la main me démange!.. (*Elle fait un geste de menace.*)

VANDERBECK, *reculant.* Holà, eh! qu'est-ce qui vient là?

JACQUELINE. C'est le père Jean Goudron!

VANDERBECK. Jean le Goudronnier... un de mes habitués!

SCÈNE IV.

LES MÊMES, JEAN GOUDRON. (*Jean Goudron va s'asseoir à la table de droite.*)

VANDERBECK, *à Jacqueline.* Dire que c'est le plus riche commerçant du pays! on assure que la pêche à la baleine lui a rapporté des millions et des milliards... on ne s'en douterait guère à le voir; où diable fourre-t-il tout ça?

JACQUELINE, *à Jean.* Bonsoir, maître Jean... J'espère que votre santé est toujours bonne, maître Jean? ce rude froid vous fait un peu chômer, n'est-ce pas? comme tout le monde ; mais ça vous est bien égal à vous, maître Jean !

JEAN. Un pot de bière !...

JACQUELINE. Voilà ! (*Elle va chercher un pot et un verre.*)

VANDERBECK. Eh bien ! maître Jean, votre dernier bâtiment est-il arrivé à bon port ?

JEAN. Une pipe !

VANDERBECK, *lui donnant une pipe.* Voilà !... Avez-vous des nouvelles de ces diables de Français ?

JEAN. Du feu !...

VANDERBERK, *s'accoudant sur le table.* Voilà !... on dit qu'ils vont s'emparer de Nimègue !... (*Jean Goudron lui envoie une bouffée de fumée dans le nez. À part, en reculant.*) Pouah ! quel homme ! Il faut lui tirer les paroles du ventre... ça tient à ses habitudes d'économie !

SCÈNE V.

LES MÊMES, LE DUC D'YORK, VAN-OSTEIN, UN ANGLAIS *de leur suite.*

LE DUC D'YORK, *à Van Ostein.* C'est ici que nous le trouverons... (*Il fait un signe à l'Anglais.*)

L'ANGLAIS, *à Bastien.* Meinherr Jean Goudron, s'il vous plaît !

JACQUELINE. Le voilà ! (*Elle montre Jean.*)

LE DUC D'YORK. Nous voulons lui parler seuls.

VANDERBECK. Tiens ! tiens !

JACQUELINE. Vous voulez ? il n'y a que moi qui ai le droit de dire : je veux ; pas vrai, mon homme ?

LE DUC D'YORK. Laissez-nous !

JACQUELINE. C'est bon, mylord, c'est bon ! Ces Anglais ont des airs !... mais patience ! patience !

SCÈNE VI.

LE DUC D'YORK, VAN-OSTEIN, JEAN GOUDRON, L'ANGLAIS.

L'ANGLAIS. Meinherr Jean Goudron !

JEAN. Hein ?

L'ANGLAIS, *montrant le duc d'York.* Son Altesse le duc d'York, généralissime des armées de terre et de mer de Sa Majesté Britannique...

JEAN. Ah !... (*Il soulève son bonnet et se remet à boire.*) Bonjour !

L'ANGLAIS, *montrant Van Ostein.* Le grand-pensionnaire Van Ostein, membre des états généraux de Hollande.

JEAN. Ah !... (*Il soulève un peu plus son bonnet et vide son verre.*) Bonjour !

LE DUC D'YORK. Monsieur Jean Goudron, puisque c'est ainsi qu'on vous appelle, nous avons à traiter avec vous des intérêts de la plus haute gravité. (*Jean bourre sa pipe et*

l'allume. *À Van Ostein.*) Comment ! pas de réponse ?

VAN OSTEIN, *au Duc.* C'est un original... continuons ! (*Sur un signe du duc d'York, l'Anglais leur donne des sièges. Le duc s'assied près de la table où est Jean. Van Ostein est à côté de lui, et l'Anglais debout derrière eux.*)

LE DUC D'YORK. Voici une lettre que j'ai l'honneur de vous représenter ; c'est vous qui l'avez écrite ?

JEAN. Non.

LE DUC. Comment, non !

JEAN. Je ne sais pas écrire.

LE DUC. Pardon... elle a du moins été écrite en votre nom ?

JEAN. Oui.

VAN OSTEIN. Fort bien.

LE DUC. Par cette lettre, vous consentez à mettre quinze millions de florins, je dis bien, quinze millions de florins à la disposition du général anglais ?

JEAN. Non...

LE DUC. Comment, non ?

JEAN. Je les prête aux États...

LE DUC. Ah !... aux États ?

VAN OSTEIN. C'est la même chose...

LE DUC. Enfin, cette somme est destinée à payer la solde des troupes alliées... n'est-ce pas là votre intention, monsieur Jean Goudron ?

JEAN. Voyez la date...

LE DUC. La lettre est datée de huit jours...

JEAN. Eh bien ?

VAN OSTEIN. Eh bien ?

JEAN. C'était mon intention il y a huit jours.

LE DUC. Ah mon Dieu ! et aujourd'hui, monsieur Jean Goudron ?...

JEAN. Aujourd'hui ?... c'est promis.

VAN OSTEIN. À merveille.

JEAN. Mais, nom d'un diable...

VAN OSTEIN. Quoi donc ?

JEAN, *montrant sa pipe.* Je n'ai plus de feu !...

VAN OSTEIN, *se levant et allant à la cheminée.* Ah ! si ce n'est que cela, en voilà, monsieur Jean Goudron, en voilà !...

JEAN. Merci !

VAN OSTEIN. Et vous avez réellement une si forte somme dans vos coffres ?

JEAN. Non...

LE DUC. Comment, non ?

JEAN. Je l'ai dans mes tonneaux...

VAN OSTEIN. Ah ! fort bien ! vous aimez à rire ?

JEAN. Jamais...

LE DUC. Et quant aux garanties de remboursement...

JEAN. Je n'en veux pas...

LE DUC. Comment?

JEAN. Je n'en veux pas.

LE DUC. Mais enfin...

JEAN. Vous croyez donc que c'est pour vous ce que j'en fais ? mais pas du tout ! je vous déteste, moi ; je vous ai en abomination; vous pesez sur le pays, vous le fatiguez, vous l'écrasez ; mais je me dis que quand vos soldats seront payés, vêtus, et nourris, vous n'aurez plus de raison peut-être pour nous piller comme vous le faites. Et voilà pourquoi je vous donne mon argent...

LE DUC D'YORK, *qui s'est levé.* Monsieur Jean Goudron !...

JEAN. Eh bien ?

VAN OSTEIN, *au Duc.* De grâce.. contenez-vous !...

LE DUC, *d'un ton radouci.* J'honore votre patriotisme, monsieur Jean Goudron; et quelque soient vos motifs, je dois m'applaudir du résultat de notre conférence. Maintenant veuillez me dire quand nous pourrons conclure cette affaire?

JEAN. Quand j'aurai bu mon quatrième pot de bière...

VAN OSTEIN. Fort bien, et vous en êtes?...

JEAN. Au second...

VAN OSTEIN. Et vous en avez encore ?

JEAN. Pour une heure.

LE DUC D'YORK. Dans une heure donc, monsieur Jean Goudron, nous viendrons réclamer votre promesse, je vous salue.

JEAN. Bonjour !.. (*Le Duc sort.*)

VAN OSTEIN, *saluant Jean.* J'ai l'honneur de vous exprimer les remercîments des états généraux...

JEAN. Je les en dispense... (*Van Ostein sort.*)

L'ANGLAIS, *saluant.* Monsieur Jean Goudron, j'ai bien l'honneur...

JEAN. Va te promener... (*l'Anglais sort.*)

JEAN, *seul.* Jacqueline !

SCÈNE VII.

JEAN, JACQUELINE, VANDERBECK, *puis* BASTIEN *et* PAYSANS.

JACQUELINE, *entrant.* Qu'est-ce que c'est?

JEAN. Un troisième pot de bière?

JACQUELINE. Voilà.

VANDERBECK. Eh bien, maître Jean, qu'est-ce qu'ils vous ont dit, hein ?

JEAN. Ça ne te regarde pas...

VANDERBECK. Excusez ; mais comme j'ai vu qu'ils vous parlaient chapeau bas...

JEAN. Tu as donc espionné ?

VANDERBECK. Fi donc ! je voulais seulement savoir.. parce que des grands seigneurs qui viennent comme ça trouver un pauvre homme comme vous, ce n'est pas pour sa conversation... Alors...

JEAN, *tapant sur la table.* As-tu fini ?

VANDERBECK. Oui, maître Jean. (*A part.*) Il n'y fait pas bon. (*Bruit en dehors.*) Eh bien, qu'est-ce qu'il y a encore? Eh ! c'est le père Bastien !

BASTIEN, *entrant avec quelques paysans.* Entrez, entrez et fermez la porte... qu'il n'y ait ici que des amis !...

JACQUELINE. Eh bien, voisin, qu'est-ce que c'est donc ?

BASTIEN. Je viens d'en apprendre de belles, allez... Il y va de notre salut à tous !

TOUS. Parlez, parlez !

BASTIEN. Quand l'armée française s'approche, croyez-vous que ce soit avec des canons que les Anglais s'apprêtent à les repousser ? — Détrompez-vous ; c'est par votre ruine, par votre destruction qu'ils prétendent arrêter leur ennemi !...

VANDERBECK. Que dites-vous là ?...

BASTIEN. Oui, votre ruine à tous, la mienne aussi, car depuis quinze ans je me fais gloire d'être des vôtres !...

JACQUELINE. Oui, père Bastien, on le sait, — Eh bien ?...

BASTIEN. Tout à l'heure, j'allais chercher des nouvelles... quand je rencontre un cavalier accourant à bride abattue, et portant des dépêches... Je le vois descendre à deux pas d'ici, derrière une haie, où étaient réunis deux officiers anglais et un troisième personnage...

VANDERBECK. Nos trois hommes de tout à l'heure, peut-être...

BASTIEN. Ne doutant pas que ce ne fussent des nouvelles de l'armée française, je m'approche doucement, et, en effet, je les entends qui s'écrient : Ils s'avancent, comment les arrêter !... Et, l'un d'entre eux, leur chef sans doute, répond froidement : J'ai tout prévu. — Il faut détruire l'armée française en coupant la digue entre le Wahl et le Rhin, et en inondant le pays.

TOUS. Ah ! quelle horreur !

JEAN, *se levant.* Hein ?

BASTIEN. Voilà vos amis, vos protecteurs !

VANDERBECK. Ah ! c'est infâme !

JEAN, *à Bastien en lui serrant la main.* Est-ce vrai, ça ?

BASTIEN. Je te dis que je l'ai entendu...

JEAN. Ah ! les brigands ! ils n'auront pas mon or !...

JACQUELINE. Ah ! c'est au magot qu'ils en voulaient !

BASTIEN, *aux paysans.* Voulez-vous prévenir leurs desseins ?... Voulez-vous défendre votre pays ?

TOUS. Oui, oui.

BASTIEN. Eh bien, je me mets à votre tête...
Armez-vous avec moi contre vos vrais ennemis, et reconnaissez vos alliés sous le drapeau de la France.

TOUS. Oui, oui.

JEAN. Bastien...

BASTIEN. Maître Jean...

JEAN. Tu es un brave homme !... attends... laisse-moi finir mon dernier verre... (*Il boit.*) A la Hollande... A présent, je suis des vôtres !...

TOUS. Marchons !

Treizième Tableau.

Le théâtre représente une campagne aux environs de Nimègue; dans le fond, sur une hauteur, un grand moulin attenant à des maisons rustiques; auprès de ce moulin, une rivière encaissée dans une colline, et sur laquelle est un petit pont de bois. — Site pittoresque.

SCÈNE PREMIÈRE.

On entend le son d'une cloche, les paysans se rassemblent en armes. HUYSMANSS, POTTER; *puis* BASTIEN, VANDERBERCK *et* JEAN GOUDRON.

HUYSMANSS. C'est ici, c'est ici !...

POTTER. Comment? les Anglais veulent couper la digue et inonder le pays?

HUYSMANSS. Puisqu'on te le dit !

POTTER. Ah ça, mais, ce sont donc des misérables?...

HUYSMANSS. Puisqu'on te le dit !..

POTTER. Oh! alors, je suis avec vous!.. à bas les Anglais.

BASTIEN, *entrant avec Vanderbeck et Jean Goudron.* Tenez, mes amis, voilà le point qu'il faut défendre... C'est à ton moulin qu'ils en veulent, Jean Goudron... Une fois maîtres de cette position, ils viendraient facilement à bout de leur projet... C'est à nous de les empêcher de s'y établir.

TOUS. Oui, oui...

BASTIEN. Des hommes de bonne volonté.

HUYSMANSS, *avec Potter et deux autres.* Voilà, père Bastien...

BASTIEN. Vous allez protéger l'abord du moulin, en sciant le petit pont de bois qui y conduit, de manière qu'il soit prêt à faire la bascule, avec les imprudents qui poseraient le pied dessus.

HUYSMANSS. C'est dit, père Bastien... Gare aux promeneurs! (*Ils montent travailler au pont.*)

BASTIEN, *à un autre.* Vous, tenez-vous en embuscade, là-bas, derrière la haie, à une portée de fusil, et si l'ennemi tente de s'approcher, donnez le signal en faisant feu!.. (*Le paysan sort avec une bande.*) Vous, Vanderbeck, restez près de moi avec votre

monde; nous les recevrons bien s'ils se présentent... Et vous, maître Jean, où sera votre poste?

JEAN. Chez moi.

BASTIEN. C'est cela... Jamais fort ne sera mieux défendu. (*A Huysmanss et aux autres qui redescendent.*) Est-ce fait?

HUYSSMANSS. Oui, oui, le pont est scié sans qu'il y paraisse; le poids d'une plume suffirait pour l'enfoncer... (*On entend un coup de feu dans la coulisse.*)

BASTIEN. Le signal! serait-ce déjà l'ennemi? Attention!

HUYSMANSS, *regardant au fond.* C'est un cavalier prussien... Un officier je crois... il est tout seul... où diable court-il ainsi? c'est un fou... tenez, le voilà... (*Un officier prussien à cheval paraît sur la colline.*)

VANDERBECK. Ah! chien de Prussien !... (*Il tire.*)

BASTIEN. Manqué !... maladroit !... (*Il tire à son tour; le cheval tombe.*) Ah! je n'ai tué que le cheval..

HUYSMANSS. Le cavalier se dégage... Ah! mon Dieu, le voilà qui tombe dans l'eau!

BASTIEN. Le malheureux! Au secours! mes amis, au secours!.. Ah! j'y vais moi-même!.. (*Il s'élance, ôte sa veste et se jette à l'eau.*)

VANDERBECK. Comment! est-ce qu'il est fou? il voulait tuer le Prussien, et à présent, il se jette à l'eau pour le sauver!...

JEAN. Eh oui, ce n'est plus un ennemi maintenant!

VANDERBECK. Comment? ce n'est plus un ennemi? c'est toujours un Prussien !..

JEAN. Imbécile !

TOUS. Le voilà, le voilà!.. (*Bastien reparaît avec l'officier évanoui; c'est Louise qui est sous ce costume.*)

BASTIEN, *les vêtements mouillés.* Ce n'est rien, mes amis, ce n'est rien... il respire... il n'est qu'évanoui... Voyez donc... presque un enfant... il se ranime un peu !..

LOUISE, *revenant à elle.* Ah!... j'ai cru mourir...

BASTIEN. Si jeune! ç'aurait été dommage; transportons-le dans le moulin... Une goutte de votre cordial, Jean Goudron, et tout sera dit.

JEAN, *à Bastien.* Brave homme ! (*Bastien, Jean Goudron et quelques autres transportent Louise dans le moulin.*)

SCÈNE II.

HUYSMANSS, *qui était sorti, rentrant avec quelques-uns de ses camarades.* Père Bastien! père Bastien!

VANDERBECK. Que lui veux-tu?

HUYSMANSS. Grande nouvelle! nous venons de les voir.

VAUDERBECK. Qui?

HUYSMANSS. Eh bien, les Français! Une brigade a investi Nimègue, et leur avant-garde a poussé une pointe par ici. — Tenez, les voilà qui arrivent!...

TOUS. Les Français?

HUYSMANSS. Eh oui, oui!... (*On entend les trompettes; — un détachement de dragons défile sur les hauteurs; suit un bataillon d'infanterie, les paysans vont au-devant des Français, se rangent sur leur passage, puis redescendent en scène avec eux. Henri entre ensuite à cheval, il porte l'habit de général; il est entouré de son état-major.*)

HENRI, *à son aide de camp.* Faites approcher ces braves gens!...

L'AIDE DE CAMP, *aux paysans.* Bons habitants, rassurez-vous, le général Henri veut vous parler. (*Les groupes se rapprochent.*)

HENRI. Braves Hollandais, ne craignez rien de nous; nous venons en amis sur votre territoire; ce n'est pas à vous que nous faisons la guerre, c'est aux Prussiens, c'est aux Anglais qui ont pris votre pays pour champ de bataille, et que nous voulons en chasser... — Vous allez voir notre armée; elle est bien pauvre, bien dénuée de tout; mais nous sommes décidés à souffrir toutes les privations, plutôt que de nous refaire à vos dépens et d'imiter les déprédations de vos prétendus amis...

TOUS. Vivent les Français! (*Henri descend de cheval.*)

L'AIDE DE CAMP, *à Vanderbeck.* Ah! vous gardiez cette position, à ce que je vois... Où donc est votre chef?

VANDERBECK. Dans ce moulin, occupé à soigner un prisonnier...

HENRI, *s'avançant.* Un prisonnier?

VANDERBECK. Oui, général, un prisonnier qu'il a fait dans l'eau...

HENRI. Comment cela?

VANDERBECK. Tenez, il va vous expliquer la chose.

HENRI, *à Bastien qui descend du moulin.* Approchez, monsieur, approchez.

BASTIEN. Ah! général, pardonnez à mon émotion, mais la vue de votre uniforme... ça me produit un effet!... je suis un homme endurci aux souffrances... mais contre la joie... je me sens faible à en pleurer!

HENRI. Remettez-vous, mon brave; vous êtes Français, n'est-ce pas?

BASTIEN. Oui, général, et ancien militaire.

HENRI. Alors, je vous comprends... touchez là. — Que vient-on de me dire? que vous aviez fait un prisonnier?...

BASTIEN. J'ai tiré de l'eau un malheureux qui allait se noyer. Je ne crois pas, général,

que les lois de la guerre nous autorisent, dans ce cas, à le priver de sa liberté.

HENRI. Il faut toujours l'interroger.. faites-le venir...

BASTIEN. Le voici!...

SCÈNE III.

LES MÊMES, LOUISE *appuyée sur deux paysans.*

HENRI. Un jeune officier?

LOUISE, *à ceux qui l'entourent.* Suis-je bien au milieu de l'armée française?

BASTIEN. Voilà le général...

LOUISE. Quel bonheur!

BASTIEN. Comment?

LOUISE, *à Henri, sans le regarder et en s'inclinant.* Protégez-moi!... je suis une femme.,.

TOUS. Une femme!

HENRI. Rassurez-vous, madame, et qui que vous soyez...

LOUISE. Cette voix.. (*Le regardant.*) Ciel! mon frère!

HENRI. Louise!... (*Ils s'embrassent.*) Toi ici, ma sœur...

LOUISE. Ah! mon frère, me voilà en sûreté près de toi, sur ton cœur!...

HENRI. Mais comment te retrouvai-je ici, sous ce costume? par quelle suite d'événements?

LOUISE. Eh! le sais-je? le jour où j'ai quitté le château de Fradenbourg pour retourner au camp de ton ami, de notre frère, j'ai été attaquée en route et séparée de ma bonne mère... Était-ce trahison, je l'ignore.. mais ceux qui m'entraînaient malgré mes cris et mes larmes, semblaient suivre un plan marqué d'avance. — On me conduisit au quartier-général prussien; j'y fus traitée avec égard, avec respect, mais on m'interdit tout espoir de délivrance... Bientôt l'armée franchit le Rhin, et je fus obligée de la suivre. C'est ainsi que je me trouvai bientôt sur la frontière de la Hollande... je languissais dans la captivité, appelant de tous mes vœux l'armée française et toi, mon frère, et notre généreux ami; quand j'appris, avec quelle joie!... que votre drapeau flottait sur la Hollande... — Oh! dès lors, je ne vivais plus... il fallait à tout prix arriver jusqu'à vous... La femme d'un des chefs qui m'avait prise en amitié, fut touchée de mes supplications... elle me procura ces habits, à la faveur desquels je trompai la vigilance de mes gardiens; je m'élançai à tout hasard pour vous rejoindre; mais, ici, ce déguisement devait m'être fatal... on fit feu sur moi..., et je tombai en recommandant mon âme à Dieu!

HENRI, *montrant Bastien.* Et voilà l'homme qui t'a sauvé... qu'il soit béni!

BASTIEN. Ah ! ne me remerciez pas.....
Quand je pense que j'ai failli être cause de
votre mort !

LOUISE, *à Henri.* Oh ! maintenant, j'oublie tout, car je te retrouve... Mais lui, mon
frère, lui !..

HENRI. Oh ! si tu avais vu son désespoir !
Pour atteindre tes ravisseurs, il n'a pas craint
de s'exposer, d'encourir des reproches , une
dénonciation, peut-être...

LOUISE. O mon Dieu !

HENRI. C'est alors qu'un ordre nous a séparés. Quelle sera sa joie quand il saura que
tu es libre; et cette pauvre mère Giraud !.. je l'ai vue pleurer le temps où tu
étais près d'elle, bien tranquille , dans son
humble boutique, à Versailles.

BASTIEN. Qu'entends-je ?.. Pardon, mon
jeune général, vous avez nommé... madame
Giraud ?..

HENRI. Oui, monsieur, une digne et excellente femme, qui nous a élevés ma sœur
et moi.

BASTIEN. Qui vous a élevés ?

LOUISE. Elle nous a servi de mère.

BASTIEN. Oh ! vous excuserez mes questions... Je l'ai connue peut-être. Vous avez
dit qu'elle demeurait...

LOUISE. A Versailles.

BASTIEN. A Versailles... et vous vous nommez Louise... et lui... Henri , peut-être ?..

HENRI. Oui, monsieur.

BASTIEN. Ah !

HENRI. Cet intérêt, cette émotion ..

BASTIEN. Parlez toujours, de grâce... Que
vous a-t-on dit de vos parents ?..

LOUISE. Hélas, monsieur, notre pauvre
mère est morte !..

BASTIEN, *se découvrant.* Une sainte !..

LOUISE. Oh ! oui, monsieur !..

BASTIEN. Et votre père ?

HENRI. Forcé de quitter la France... il
s'exila...

BASTIEN. En Hollande..

HENRI. Oui... Vous le savez ?

BASTIEN. Et vous le cherchez ici ?..

HENRI. Ah ! mon Dieu ! l'auriez-vous connu ?

BASTIEN. Peut-être... Il s'appelait... Bastien..

HENRI. Oui, Bastien...

VANDERBECK. Quoi ! père Bastien, ce serait vous !

LOUISE. Mon père...

BASTIEN. Oui, oui, mes enfants. (*Ils s'embrassent.*) Oui, votre père, qui depuis le
jour de son exil a vainement cherché à vous
revoir.... Dans les premiers temps. pour-
suivi, forcé de me cacher, car on demandait
mon extradition, je n'ai pu vous donner de
mes nouvelles... Plus tard, la guerre nous a
séparés, mais aujourd'hui, voilà qu'elle nous
réunit !.. grâce à vos victoires, mon enfant..
général ! Mon fils est général, oh ! je te contemple avec orgueil. Voilà mon sang ! Ah !
moi aussi, j'étais né, peut-être, pour de gran-
des choses; mais leur ancien régime m'a
brisé; toi, mon fils, tu es plus heureux, le
nouveau t'a donné l'essor !..

HENRI. Ah ! mon père, si j'obtiens quelque
gloire, c'est à vous maintenant que je la rap-
porterai !..

BASTIEN. Et ton frère, mon Édouard ?

HENRI. Je ne l'ai jamais revu depuis qu'il
est parti pour la Vendée; mais je suis sûr qu'il
est resté digne de vous... Ah ! mon bon père,
soyez fier aussi de votre fille. Tenez, elle veut
encore vous embrasser ; car elle vous doit
deux fois la vie !..

BASTIEN. Louise ! Henri !.. Ah ! ce moment efface bien des années de malheur !..

SCÈNE IV.

LES MÊMES, DELLART, PLATERPOOP.

DELLART. Pardon, excuse, mon général, si
je vous interromps en société.... mais voilà
le Flamand, ce fantassin hétérogène comme
de coutume, qui veut absolument vous ra-
conter ses aventures.

HENRI. A moi ?

DELLART. A vous seul... en manière de
confidence. Allons, avance... chose... diable
de nom !...

HENRI, *à Platerpoop qui s'est avancé.*
C'est toi, Platerpoop ? tu as à me parler ?

PLATERPOOP. Oui, fils... c'est-à-dire général...

HENRI. Eh bien, explique-toi.

PLATERPOOP. Je suis ici pour ça... mais
motus! Je ne veux pas que le Gascon écoute
aux portes, savez-vous ?

DELLART. C'est bon... on s'en va... (*Il
s'éloigne.*)

HENRI. Enfin, qu'est-ce donc ?

PLATERPOOP. De vous à moi, fils, voilà la
chose... Ce matin, je suis allé manger une
omelette au lard chez une ancienne payse,
dont j'ai refait connaissance, et qui reste
chez le bourgmestre de Rosenthall... Une
bonne maison, savez-vous, où elle m'avait
caché dans l'office...

HENRI, *le quittant.* Si ce n'est que ça...

PLATERPOOP, *le retenant.* Attendez donc..
Pendant que je savourais l'omelette qui était
excellente, savez-vous ? voilà que j'entends,
de l'autre côté de la cloison, un baragouin al-
lemand que je comprends parfaitement, vu
que c'est ma langue maternelle. C'était le
bourgmestre avec un général prussien... —
Je me tiens coi, je ne bouge plus et j'arrête

la mâchoire, vu que je commençais à en entendre de belles. — Oui , disait le général , il faut couper les digues et nous rendre maîtres de Nimègue. — Mais les Français y mettront obstacle, fils , répondait le bourgmestre. — Non, fils, répliquait le Prussien, je réponds du contraire , puisque je suis d'accord avec le général français...

HENRI. Hein ?

PLATERPOOP. Oui, fils , et il ajoutait, savez-vous : « Le général Pichegru va opérer sa retraite, et il prendra ses quartiers d'hiver au delà de la Meuse... »

HENRI. Allons donc !

PLATERPOOP. C'est justement ce que l'autre a répondu : « Allons donc! puisque les Français sont près de Nimègue, ils y entreront. — C'est ce qui vous trompe, fils, a repris le Prussien, la brigade recevra l'ordre de rétrograder. — Quand ça? — Aujourd'hui. — Vrai, fils? — Oui, fils. » Et ils sont partis... Alors, j'ai achevé mon omelette, savez-vous ?

HENRI, à lui-même. Des intelligences avec le général en chef... l'abandon de la conquête? un ordre de rétrograder ?... Ce n'est pas possible... (A Platerpoop.) Platerpoop, tu auras mal entendu, ou c'est quelque forfanterie du général prussien... En tous cas, pas un mot à personne du récit que tu viens de me faire.

PLATERPOOP. C'est dit, général ; le secret restera là, dans mon cœur, et l'omelette avec.

HENRI. Mes amis, bonne nouvelle! nous espérons dès demain nous rendre maîtres de Nimègue.

TOUS. Vive le général! (Entre un officier d'ordonnance à cheval.)

L'OFFICIER D'ORDONNANCE. Au général Henri. — Une dépêche du général en chef..

HENRI. Donnez (Il ouvre la dépêche.) Que vois-je?... Ah! je n'ai pas bien lu... « Ordre de me replier sur le gros de l'ar- » mée, et de renoncer à toute tentative sur » Nimègue... » Quel rapport!... cet ordre de retraite au moment même où l'avis m'en était donné!... Oh! je n'ose approfondir...

L'OFFICIER D'ORDONNANCE. Quelle est votre réponse, général ?

HENRI. Ma réponse?... J'obéirai, monsieur, j'obéirai... (L'officier sort.) Il le faut bien !... mais j'ai la tête en feu.

LOUISE. Qu'as-tu donc, mon frère?..

HENRI. Oh! rien... J'ai annoncé trop tôt notre marche victorieuse... il faut que nous retournions sur nos pas... Tu me suivras, ma sœur, ainsi que notre père...

BASTIEN. Moi, abandonner ces braves gens !

HENRI. Eh! puisqu'on me force de les abandonner moi-même! (On entend un coup de feu.)

BASTIEN. Ah! ce sont les paysans que j'avais placés en vedette....ils se replient de ce côté-ci... Qu'est-ce qu'ils vont nous apprendre?

HUYSMANSS, entrant avec les paysans en désordre. Père Bastien... nous avons vu les Anglais... leurs bateaux couvrent le Wahs. Ils débarquent pour se réunir aux Prussiens...

HENRI. Oui, oui, ils veulent profiter de la nuit qui s'approche pour renforcer la garnison de Nimègue, et rendre notre attaque impossible en coupant les digues.

HUYSMANSS, à Henri. Heureusement, vous êtes là. (Entrent quelques paysans qui fuient, puis Jacqueline.)

VANDERBECK. C'est toi, femme? qu'y a-t-il donc ?

JACQUELINE. Nos maisons sont envahies... les Prussiens viennent de s'y loger.

TOUS. Les Prussiens !

BASTIEN, à Henri. Et tu partirais dans ce moment-ci !

DELLART. Partir ! allons donc !... pour marcher en avant, à la bonne heure !

PLATERPOOP. Céder la place à l'ennemi, ce serait la première fois, savez-vous ?...

BASTIEN, à Henri. Tu entends ?...

DELLART. Il n'y a que les écrevisses qui reculent.

HUYSMANSS. Nous nous mettons sous votre protection.

BASTIEN, à Henri. Mon fils, si tu nous quittes, tu es déshonoré...

HENRI. Et je me perds si je reste. N'importe ! il n'y a pas à hésiter. Enfants, à nos postes, et préparons-nous au combat. (Roulement de tambours.)

BASTIEN. Embrasse-moi, ma fille ; on va te conduire en lieu sûr. (Louise embrasse son père, et s'éloigne.)

VANDERBECK. Et toi, femme, qu'est-ce que tu fais là ?

JACQUELINE. Qu'on me donne un fusil !... je suis ton chef de file... (La nuit est venue. Les Anglais et les Prussiens paraissent. Le duc d'Yorck leur crie : — Au moulin ! au moulin ! Les Anglais et les Prussiens s'avancent sur le pont qui s'écroule et les entraîne dans l'eau.)

Quatorzième Tableau.

On tire sur le moulin, le chaume s'en flamme, le moulin brûle et s'écroule. Les Français débouchent de toutes parts et attaquent les Anglais. Ceux-ci forment un bataillon carré, et reculent en bon ordre. Le théâtre est évacué un instant. Une lutte a lieu pendant ce temps entre quelques Anglais et des paysans qui veu-

-lent s'emparer d'un drapeau. Jacqueline avec une fourche prend un Anglais à la gorge, et s'empare du drapeau. Henri revient victorieux. Roulement. La cavalerie garnit les hauteurs; l'infanterie française est en bas, maîtresse de la scène. Acclamations.)

HENRI. Soldats !... votre conduite dans cette journée, sera mise demain à l'ordre du jour ! *(Changement.)*

Quinzième Tableau.

En Hollande.—Une cabane.

SCÈNE PREMIÈRE.

PICHEGRU, LENOIR.

PICHEGRU. Venez par ici, maître Lenoir.

LENOIR. Me voilà, général... *(Soupirant.)* Ah!..

PICHEGRU. Vous soupirez?

LENOIR. Oui... du plus profond de mon cœur.

PICHEGRU. Vous êtes donc bien à plaindre?

LENOIR. Moi, personnellement?.. non!... quoique je continue à me ruiner pour la patrie... Mais je m'attriste en vous voyant passer votre vie dans les bivouacs, dans des cabanes, dans des masures.

PICHEGRU. Condition inévitable du métier de soldat, monsieur le sybarite. Ce n'est pas l'embarras, j'avais rêvé une autre campagne, des conquêtes rapides, l'abondance, le luxe... L'austérité n'est pas mon fait... il me faut, à moi, des richesses, du faste, des plaisirs pour les prodiguer à une femme qui, je ne sais comment, s'est emparée de tout mon esprit... A propos, et mon rival... Hoche... a-t-on de ses nouvelles?

LENOIR. Non...

PICHEGRU. Et tu ne l'as pas vu dans ton voyage à Paris?

LENOIR. Il était suspect d'être suspect...

PICHEGRU. Cela m'explique votre réserve. *(Il s'assied.)* Fermez donc cette porte... il faudrait parler à cent pieds sous terre, et encore serait-on peut-être entendu.

LENOIR. C'est vrai... il y a de si fines oreilles pour écouter.

PICHEGRU. Au fait... Mon armée est en chemin vers Amsterdam, et la Hollande sera conquise lorsque je le voudrai... Avez-vous bien fait comprendre la situation là-bas?... Qu'a-t-il dit, lui, cet homme qui mène les affaires, et que j'ai voulu consulter?

LENOIR. Eh bien, il m'a dit que la prise d'Amsterdam serait peut-être, pour le moment, une conquête gênante...

PICHEGRU. Ah!...

LENOIR. Et qu'il valait mieux attendre un peu.

PICHEGRU. Et on m'invite à prendre mes quartiers d'hiver de l'autre côté de la Meuse?

LENOIR. C'est cela.

PICHEGRU. Monsieur Lenoir, les habitants d'Amsterdam nous appellent; je veux me faire désirer... Je veux peser dans la balance d'un poids plus lourd, d'un poids décisif.

LENOIR. Et vous avez raison... Savez-vous ce qu'on a dit à propos de votre avenir?

PICHEGRU. Voyons!...

LENOIR. On a dit que, si jamais la France rentrait sous un gouvernement régulier, il ne tiendrait qu'à vous d'être riche, honoré, puissant comme un connétable de la vieille monarchie !

PICHEGRU, *après l'avoir regardé en silence.* Monsieur Lenoir, j'attends un émissaire du duc d'York... je vous l'enverrai, et.. vous causerez ensemble... En attendant, j'ai ordonné au général Henri, qui commande la division d'avant-garde, de revenir sur ses pas et de rejoindre le corps d'armée.

LENOIR. Eh! eh!...

PICHEGRU. Que signifie, maître Lenoir?

LENOIR. Pourvu qu'il ne se soit pas trouvé trop près de l'ennemi!.. Il est ardent, il est... patriote!..

PICHEGRU. Et mes ordres?.. Crois-tu donc qu'il les aurait méprisés? *(On frappe à la porte.)*

SCÈNE II.

LES MÊMES, UN AIDE DE CAMP.

PICHEGRU. Ah ! vous voilà ?... Eh bien, le général Henri a reçu mes instructions, n'est-ce pas? Il revient vers nous?..

L'AIDE DE CAMP. Vous allez le voir tout à l'heure, général...

PICHEGRU. Bien!..

L'AIDE DE CAMP. J'ai cru devoir venir auprès de vous mettre ma responsabilité à couvert.

PICHEGRU. Que voulez-vous dire?...

L'AIDE DE CAMP. Le général Henri a reçu l'ordre que vous m'aviez chargé de lui transmettre....

PICHEGRU. Et il l'a suivi !

L'AIDE DE CAMP. Oui, mais après un engagement avec les Anglais..

PICHEGRU. Un engagement, lorsque je lui avais ordonné... Il n'y a donc plus de discipline? je ne suis donc plus général en chef?.. Aller contre ma volonté, contrarier mes opérations; renverser mon plan de campagne... ah ! nous verrons... je jure que le coupable!.. je ne l'attendrai même pas ici... j'irai à sa rencontre afin qu'un exemple nécessaire ne soit pas retardé ! *(Il va pour sortir, et se trouve en face de Henri qui est entré avec quelques officiers.)*

SCÈNE III.

LES MÊMES, HENRI, OFFICIERS.

HENRI. Si c'est à ma rencontre que vous alliez général, me voici !..

PICHEGRU. Vous connaissez les lois militaires ?..

HENRI. Je les connais...

PICHEGRU. Vous savez qu'on doit une obéissance absolue, aveugle, aux ordres de son supérieur ?..

HENRI. Je le sais...

PICHEGRU. Vous vous souvenez que, pour avoir seulement hésité à obéir, Delambre a été fusillé par ordre de votre ami, de votre frère, de Hoche enfin ?...

HENRI. Je m'en souviens, général, mais je repousse toute comparaison...

PICHEGRU. Vous êtes rebelle autant que lui !...

HENRI. Il trahissait, général !.. Il avait fait massacrer nos compagnons d'armes, et moi, j'ai repoussé l'ennemi, j'ai rendu libre la route qui mène à Amsterdam !..

PICHEGRU. Que m'importe !.. vainqueur ou vaincu, vous êtes coupable, et vous serez traité comme tel !...

HENRI. Soit donc ! mais j'aurai dit ce que pense toute ma division, toute l'armée !.. Votre ordre arrive, je m'arrête !.. Devant moi, l'Anglais qui semblait nous insulter ; autour de moi, les soldats frémissant d'impatience, et nos drapeaux que des mains fermes et hardies agitaient comme pour m'entraîner !.. fallait-il reculer ? en m'ordonnant de vous rejoindre, m'aviez-vous ordonné de fuir ?.. je n'ai pas balancé, car j'ai senti que mon devoir me poussait en avant ; car il me semblait que battre en retraite, c'était prendre sur moi un de ces soupçons de perfidie répandus dans l'armée !.. Nous serions revenus vers vous, harcelés, battus, décimés : nous revenons vainqueurs, car nous avons couru sur les Anglais, emportés par une inspiration plus puissante que la tactique, le patriotisme !...

PICHEGRU, *à part.* Aucun juge ne le condamnerait !...

HENRI. S'il faut un exemple, donnez-le : livrez-moi à un conseil de guerre ; mais, tandis qu'on me fera mon procès, l'armée entrera dans Amsterdam, grâce à ma division, grâce à moi !..

PICHEGRU. Je n'ai pas de quoi payer les vivres nécessaires pour franchir la distance qui nous en sépare... votre succès demeure inutile ; vous savez bien que la solde des troupes...

HENRI. La solde !... pour un triomphe de plus, pour une capitale conquise, nos soldats ne comptent pas l'argent et ne s'inquiètent pas de leur pénurie !.. La France et sa gloire avant tout, malgré tout !.. De l'argent, dites-vous ?.. *(Allant à la porte.)* Venez !..

SCÈNE IV.

LES MÊMES, BASTIEN, JEAN GOUDRON, LOUISE.

HENRI, *montrant Jean Goudron.* Voici un homme à qui les Anglais voulaient emprunter une partie de sa fortune... j'ai sauvé ce pays d'une inondation, et, en reconnaissance de la généreuse conduite de nos soldats, maître Jean Goudron vous offre, à vous, général en chef de l'armée française, quinze millions de florins qu'il était prêt à fournir aux Anglais !..

LENOIR. Quinze millions de florins !.. C'est un fournisseur ?.. que je suis bête !.. Un fournisseur garde et ne donne que lorsqu'il y est forcé... *(Il examine Jean Goudron avec admiration. Il cherche à lui parler, mais Jean lui tourne le dos.)*

PICHEGRU, *à Jean Goudron.* Mais je ne sais quand on pourra vous rembourser...

JEAN GOUDRON. Je donne !..

PICHEGRU. Les Anglais ne vous faisaient sans doute qu'un emprunt ?..

JEAN GOUDRON. Je donne !..

PICHEGRU. Mais, comment passer le Leeck, le Wahal ?..

BASTIEN. Général, par le froid qu'il fait, avant deux jours le Wahal et le Leeck seront gelés de telle façon qu'on pourra marcher dessus comme sur la terre la plus ferme...

JEAN GOUDRON. Vrai ! véritablement vrai !

PICHEGRU, *à part.* Je ne puis hésiter davantage, l'armée m'échapperait.... *(Haut.)* Eh bien, que les troupes se mettent sous les armes !... *(A Henri.)* Quant à vous, jeune homme, je vous pardonne, et s'il se présente quelque mission honorable, c'est vous que j'en chargerai !.. *(A part.)* Dorénavant, je veillerai sur toi !... *(Haut.)* Venez, messieurs !.. *(A l'aide de camp qui entre.)* Qu'y a-t-il ?..

L'AIDE DE CAMP. Général, une dépêche...

PICHEGRU. Voyons... *(Il lit, à part; haut.)* Ah !... *(A Henri.)* Parmi les nouvelles qu'on m'annonce, il y en a une qui ne saurait vous être indifférente.

HENRI. A moi ?..

PICHEGRU. Hoche est en état d'arrestation !

HENRI. Hoche !...

PICHEGRU. A l'Abbaye.... et bientôt traduit devant le tribunal révolutionnaire.

LOUISE. Lui !...

PICHEGRU. Je le lui ai souvent prédit.... ce cher collègue devait mal finir... *(Il sort avec les officiers.)*

SCÈNE V.

LES MÊMES, *moins* PICHEGRU.

LOUISE. Lui! en prison, jugé, condamné!...

BASTIEN. Ma fille!

LOUISE. Et je suis ici... tandis que làbas il souffre, il m'appelle! je veux le revoir!...

BASTIEN. Louise...

LOUISE. Laissez-moi, laissez-moi.. Ah! c'est que vous ne savez pas, mon père!... je l'aime, et il va mourir peut-être... mourir!... Non, je me jetterai aux pieds de ses juges, je les attendrirai... Oui, oui, ils m'écouteront... laissez-moi partir!...

HENRI. Ma sœur...

LOUISE. Je vais, je cours, et... Ah!... (*Elle tombe évanouie.*)

BASTIEN. Louise!... (*Les tambours battent.*)

HENRI. Mon père, je vous la confie; adieu...

JEAN GOUDRON. Pauvre enfant!...

BASTIEN. Que faire?...

JEAN GOUDRON, *en levant Louise dans ses bras.* Venez!... chez moi!... (*Ils sortent. — Changement.*)

Seizième Tableau.

Une kermesse sur la glace. — Le théâtre représente la ville d'Amsterdam du côté de l'embouchure du Zuyderzée. — Au changement, on voit des patineurs glisser sur la glace; à droite et à gauche, des hommes et des femmes du pays qui les regardent; scène comique d'un maladroit qui se laisse tomber, sans pouvoir jamais se relever.

BALLET.

(*Après le ballet, le canon se fait entendre; puis le tambour et la musique.*)

TOUS. Les Français, les Français! (*Le son des cloches se joint au canon et au tambour; l'armée française arrive, Pichegru en tête. L'armée s'arrête, et, du côté d'Amsterdam, arrivent en foule les habitants de la ville; ils sont précédés des échevins, bourgmestres, notables. — Corporations diverses, bannière en tête. — Groupe de jeunes filles entourant un magistrat qui porte sur un coussin les clefs de la ville.*)

LE MAGISTRAT. Général, voici les clefs de la ville d'Amsterdam.... Naguère, la France était envahie par une coalition menaçante.. Elle s'est levée, et ses enfants portent au loin ce drapeau qui signifie civilisation, honneur, indépendance!... Si les troupes étrangères n'eussent comprimé l'élan qui nous portait vers votre armée, il y a longtemps que nous lui aurions ouvert avec joie les portes de notre capitale!...

qu'elle y entre enfin, à travers une population impatiente de la saluer de ses acclamations!...

PICHEGRU. Au nom de la France, je vous en remercie!... Soldats, entrez dans Amsterdam comme vous entreriez dans Paris, et qu'un même sentiment fasse battre tous les cœurs : Fraternité!... (*Acclamations. — Les Hollandais se mêlent aux Français, et tous expriment une vive sympathie les uns pour les autres. — Puis, l'armée reprend ses rangs au roulement des tambours; elle se met en marche, ainsi que le cortége, au bruit des tambours, aux sons de la musique, tandis que le canon retentit dans Amsterdam, mêlé au son des cloches agitées à toute volée. — Le rideau tombe.*)

ACTE QUATRIEME.

Dix-septième Tableau.

EN VENDÉE.

Une place publique dans un village, dans le fond, des paysans sont occupés à dresser une immense table, ayant la forme d'un fer à cheval.

SCÈNE PREMIERE.

PAYSANS VENDÉENS, LE MÉTAYER KERCADEC, HERMINIE, *sous des habits de paysan.*

KERCADEC, *aux paysans.* Oui, mes amis, notre malheureuse Vendée va enfin respirer!.. C'est fini! plus de guerre!.. le général Hoche, autant par sa sagesse que par ses victoires, a entrepris de guérir les plaies encore saignantes de ce pays. Malheur aux insensés qui tenteraient de les rouvrir! Le banquet qui se prépare va réunir dans un même vœu de concorde, bourgeois, paysans, soldats, tous Français, confondus autour du héros pacificateur!...

HERMINIE, *vêtue en paysan et s'avançant.* Vous parlez du général Hoche!.. où donc est-il maintenant?

KERCADEC. A l'hôtel de ville de Cholet, entouré des magistrats municipaux des communes environnantes, qui sont venus lui offrir leurs hommages...

HERMINIE. Comme à un vainqueur généreux!... Dieu veuille que le général soit sincère, et que cette pacification forcée ne couvre pas un piége!...

KERCADEC. Un piége?...

UN PAYSAN. Qu'est-ce qu'il dit celui-là?

HERMINIE. Quand une fois vos chefs seront désarmés ou proscrits, qui empêchera qu'on ne vous fasse expier cruellement votre longue résistance?

LE PAYSAN. Eh! mais, maître Kercadec,

est-ce qu'il y aurait en effet quelque trahison à craindre?

KERCADEC. Eh non... laissez dire.. (*A Herminie.*) Je ne vous connais pas, vous; mais, pour parler avec cette hardiesse, il faut que vous soyez bien sûr de la loyauté du général; eh bien, nous aussi nous y avons confiance, et quant à vos chefs, s'ils osaient reparaître dans le Bocage, et y faire entendre leur signal de guerre, je crois qu'ils ne trouveraient plus de fanatiques pour leur obéir...

HERMINIE, *à part.* C'est ce que nous verrons...

KERCADEC. Je retourne donner un coup d'œil à ma ferme... (*Au paysan.*) Vous n'avez pas vu Edouard ?...

LE PAYSAN. Votre fils d'adoption ?.. non, maître Kercadec.

KERCADEC. Ce jeune homme m'inquiète... depuis quelques jours, il paraît à peine; son caractère exalté, son humeur indocile pourraient le rejeter dans des aventures périlleuses... j'y veillerai. (*Il sort, les paysans se dispersent.*)

SCENE II.

HERMINIE, *seule.*

J'ai failli me trahir... ma haine a éclaté malgré moi... si j'étais reconnue,... je ne tomberais pas vivante entre leurs mains !... Et déjà, ce poison m'aurait délivrée d'une existence odieuse... si ma vie n'était pas nécessaire à ma vengeance !... Il triompherait donc, cet homme! toujours vainqueur, libre, glorieux, échappé au supplice qui l'attendait, marié maintenant, il a déjoué toutes les attaques du sort, toutes les miennes !... Il m'a écrasée de ses dédains! Ah! je le sens, cet amour que j'éprouvais s'est tourné en une haine ardente qui le poursuivra jusqu'à la mort !.. il n'achèvera pas son ouvrage !.. Mais Edouard tarde bien !.. pourvu qu'il n'ait pas rencontré cet homme, ce Kercadec.. Non... le voici de ce côté...

SCENE III.

HERMINIE, EDOUARD.

EDOUARD. Sur la place du village ?... c'est ici...

HERMINIE. Oui... c'est ici que je t'attendais...

EDOUARD. Vous, madame ! Ah combien j'ai souhaité votre présence ! Quand votre émissaire m'a appris que vous étiez revenue, j'ai craint que vous fussiez en péril... j'ai attendu le jour, en errant dans le bois, en prêtant l'oreille à tous les bruits, et armé pour vous défendre.

HERMINIE. J'ai voulu t'entretenir au milieu des apprêts de cette fête qui célèbrera la soumission de la Vendée... j'ai l'espoir

que ton orgueil se réveillera devant la lâcheté de tes frères.

EDOUARD. Que voulez-vous de moi, madame? vous savez si mon âme vous est dévouée, vous savez quel ascendant vous exercez sur mon être, depuis le jour où je vous ai vue, si fière, si héroïque, près de Stofflet et Charrette, guider nos armes alors victorieuses, et m'encourager par vos regards, moi, le plus humble de vos défenseurs...

HERMINIE. Le plus hardi, le plus généreux !... car je t'ai deviné... et c'est au nom de ces chefs, aujourd'hui fugitifs, que je viens te rappeler tes serments.

ÉDOUARD. Je ne les ai pas oubliés, madame, car c'est à vous que je les ai faits.

HERMINIE. Serment de haine contre le général !...

ÉDOUARD. L'auteur de tous nos maux, vous me l'avez dit, madame !... et un mot de vous, c'est ma foi.

HERMINIE. Serment de vengeance pour celui qui a péri... pour ton oncle qui t'appelait son fils...

ÉDOUARD. Ah! le ciel m'est témoin que son souvenir est toujours là !

HERMINIE. Mais tu ne l'as pas vu, lorsqu'assailli par le nombre il invoquait vainement la clémence de ses bourreaux... Tu ne l'as pas entendu, lorsque, prêt à mourir, il maudissait ses ennemis, en s'écriant : Edouard me vengera !...

ÉDOUARD. Noble martyr !

HERMINIE. Et il n'est pas encore vengé!... Est-ce que maintenant vous auriez peur ?

ÉDOUARD. Peur !... moi !... et de quoi ?

HERMINIE. De ce héros victorieux... de ce général Hoche, dont le nom seul vous fait tous pâlir d'effroi.

ÉDOUARD. Lui ! Ah ! madame, ordonnez, et j'irai l'attaquer seul au milieu de son armée !...

HERMINIE, *à part.* Allons donc !... (*Haut.*) Mais alors, il faut se hâter, car on vous trompe... cette réconciliation couvre un vaste complot... sous ce déguisement, j'ai surpris leurs projets... Pendant que les principaux habitants seront réunis dans le banquet fraternel, des soldats parcourront les campagnes, promenant partout la dévastation et l'incendie... Leur prétexte, c'est la recherche de vos chefs fugitifs; leur but, c'est l'anéantissement de ce pays généreux dont ils ont encore peur !...

ÉDOUARD. Que dites-vous ?

HERMINIE. Les ordres sont donnés..... l'exécution commencera dans la maison qui t'a servi d'asile, chez l'homme qui t'a recueilli après la mort de ton oncle, chez ton bienfaiteur, le métayer Kercadec...

ÉDOUARD. Lui aussi !... leur victime !... C'est l'ordre, dites-vous ?

HERMINIE. C'est l'ordre implacable de Hoche !

ÉDOUARD. Ah ! je le préviendrai !

HERMINIE. Au risque de ta vie ?

ÉDOUARD. Au risque de ma vie... J'accomplirai cette œuvre de vengeance et de salut !... et je mourrai content de vous avoir obéi !...

HERMINIE. Réussis... et tu ne mourras pas...

ÉDOUARD. Ah ! madame !... (*Il lui baise la main avec ardeur.*)

HERMINIE. Il va venir... il doit traverser cette place... avec son état-major.

ÉDOUARD. Je ne le connais pas...

HERMINIE. Il est facile à reconnaître à sa taille fière et hautaine... il dépasse de la tête tous ceux qui l'entourent... Mais le voici... je crois.

ÉDOUARD. Eh bien ! je vais...

HERMINIE. Imprudent !... tu serais assailli par le nombre... (*Lui indiquant un pan de mur.*) Ici... ici !

ÉDOUARD. Me cacher !

HERMINIE. Il le faut... (*Édouard se place derrière le pan de mur. Herminie se confond dans la foule qui entre.*)

SCÈNE IV.

LES MÊMES, HOCHE, HENRI, ETAT-MAJOR, puis, SOLDATS, PAYSANS, BOURGEOIS VENDÉENS.

HOCHE, *à Henri.* Mon cher Henri, voici mon plus beau jour ! Après les combats et la lutte acharnée, la clémence qui ravive toute une contrée désolée, comme le soleil après l'orage.

HENRI. Oui, mais il reste encore des nuages... Je crains toujours quelque diablerie de la part de ces bons amis...

HOCHE. Allons donc ! de la défiance ?... Tiens, les voilà qui viennent en foule. (*Entrent des soldats, des bourgeois et des paysans. Hoche remonte la scène pour aller à leur rencontre.*)

ÉDOUARD. Voici le moment !... O Dieu ! du courage ! (*Il tire un coup de pistolet. Grande rumeur.*)

HENRI. Un coup de feu...Amis... le général n'est pas blessé !

HERMINIE, *à part.* Le maladroit !

DELLART, *désignant Édouard.* C'est celui-là qui a tiré. (*On le saisit.*)

HENRI, *s'élançant sur lui.* Misérable !

HOCHE, *arrêtant Henri.* Arrête !

HENRI. Je vous le disais bien, ce sont des traîtres !

LES SOLDATS. Oui, oui, à mort les traîtres !...

LES VENDÉENS. Amis ! défendons-nous !... aux armes !

HOCHE. Arrière ! arrière tous !... que personne ne bouge !... je ne veux pas qu'on porte la main sur cet homme. (*Murmures parmi les soldats.*)

HENRI. Quoi ! tant de ménagements pour un lâche assassin !

HOCHE. Je veux savoir si c'est un crime isolé ! (*A Édouard.*) Approche !

HERMINIE, *à part.* Que va-t-il dire ?

HOCHE. Qui es-tu ?

ÉDOUARD. Vous le voyez bien... Un Vendéen...

HOCHE. Ton nom ?

ÉDOUARD. Je n'ai pas besoin de vous le dire ?

HENRI, *à ceux qui l'entourent.* Quelqu'un ici connaît-il ce jeune homme ? (*On ne répond pas.*) Personne... ils ont peut-être peur de se compromettre.

HOCHE. Qui t'a conseillé ce crime ?

ÉDOUARD, *après avoir regardé Herminie.* L'ordre m'est venu... d'en haut !

HOCHE. Quoi ! tu aurais obéi !

ÉDOUARD. A ma haine !

HOCHE. Que t'ai-je donc fait ?

ÉDOUARD. A moi ?... rien... je me suis armé pour la justice... je serai compris...

HOCHE. Par qui ?

ÉDOUARD, *après avoir regardé Herminie.* Par le ciel !

HOCHE. C'est un fanatique...

HENRI. Ou plutôt un scélérat qui...

ÉDOUARD. Des injures... quand je donne ma vie !... Allons, tuez-moi, et oubliez-moi !

HENRI. Oui, tu vas mourir...

SCÈNE V.

LES MÊMES, KERCADEC.

KERCADEC, *accourant.* Un jeune homme, m'a-t-on dit, qui a voulu tuer le général !

DELLART, *montrant Édouard.* Le voilà !...

KERCADEC. Juste Dieu ! c'était lui !

ÉDOUARD. Kercadec !...

KERCADEC. Édouard !

HOCHE. Vous connaissez ce jeune homme ?

KERCADEC. Si je le connais !... c'est presque mon fils... Je l'avais recueilli chez moi ! et il m'aimait !... Ah ! comment a-t-il pu devenir criminel ?... lui si bon, si loyal !...

ÉDOUARD. Mon ami !

KERCADEC. Une tête exaltée, général... il avait pris part aux premiers troubles de la Vendée... je le croyais revenu de son égarement ; mais depuis quelques jours il aura revu d'anciens partisans... on lui aura encore rappelé la mort de son oncle !

HOCHE. De son oncle !

KERCADEC. Un de nos voisins qu'on avait

enrôlé aussi dans ces bandes... il dut subir les lois de la guerre, il fut pris et fusillé!... Cet événement a frappé le malheureux jeune homme... c'était son seul parent, puisque avant de venir en Vendée, il avait déjà perdu son père...

HENRI. Un orphelin?...

KERCADEC. Depuis son enfance...

HENRI. Ah!... mais ce nom qu'il a refusé de nous dire?...

KERCADEC. Son nom,...

ÉDOUARD, *à Kercadec.* Prenez garde.

KERCADEC. Edouard Bastien...

HOCHE *et* HENRI. Bastien!

HENRI. Edouard Bastien!... (*A Hoche.*) Ah!.. mon ami... ton assassin...

HOCHE. C'est ton frère.

TOUS. Son frère!

ÉDOUARD. Lui! Henri!...

HENRI. Oui, moi, ton frère!... qui ai levé le bras pour te punir!.. et qui, en ce moment, au lieu de t'embrasser, suis obligé de détourner les yeux!

HOCHE. Tristes effets de nos discordes civiles! des frères prêts à s'entr'égorger! Comprendrez-vous enfin que dans de pareilles guerres, tout ce sang qui coule est celui de la même famille.., et que le vainqueur doit pleurer autant que le vaincu!.. Cet exemple de deux frères, enrôlés sous des drapeaux ennemis, c'est votre image à tous!.. car la patrie n'est qu'une grande famille, et les Français qui s'arment les uns contre les autres déchirent le sein de leur mère, et la livrent sanglante aux coups de l'étranger... Loin de vous ces armes parricides!.. imitez ce frère généreux qui pardonne à un frère égaré... et jetez-vous comme eux dans les bras les uns des autres, réunis enfin contre l'ennemi commun.

HENRI, *ouvrant ses bras à Edouard.* Mon frère! (*Les soldats et les Vendéens se prennent les mains.*) Vive la patrie!

ÉDOUARD, *se jetant aux pieds de Hoche.* Ah! général, comment expier mon crime?

HOCHE. Je te l'ai dit; en me suivant contre l'étranger!...

ÉDOUARD. Ah! je suis à vous!..

HERMINIE, *à part.* Il ne me reste plus que moi-même.

HOCHE. Et maintenant, prenons tous place au banquet de la réconciliation. (*On se place devant les tables servies. Les officiers, les paysans et les bourgeois sont confondus.*)

HERMINIE, *tirant son flacon, à part.* Moi aussi, j'y prendrai place... et c'est moi qui te servirai!...

HOCHE, *debout.* A la victoire de nos armes et à la réconciliation... (*Changement.*)

Dix-huitième Tableau.

Au Quartier-Général de Pichegru, à Altkirck.

SCÈNE PREMIÈRE.

PICHEGRU *entrant avec des officiers.* Messieurs, je n'ai pas de nouveaux ordres à vous donner. Si je quitte mon quartier-général d'Altkirch, chacun de vous connaîtra le poste que je lui aurai destiné. — Jusque-là, attendons.. à moins que ces messieurs du Directoire n'en décident autrement, et ne fassent marcher mon armée du Rhin de concert avec l'armée de Sambre-et-Meuse; nous verrons bien. (*Il les salue et les congédie.*)

SCÈNE II.

PICHEGRU *seul.* Accepteront-ils ma démission, là-bas, à Paris?... Non... ils ont besoin de moi, et ce refus me donnera le droit d'être plus exigent... Et Lenoir qui ne revient pas!... Pourtant, il faut en finir avec leurs négociations!... Qui sait si je ne suis pas entouré d'une invisible légion d'espions!...Ah! princes du Directoire, vous me négligez pour exalter Hoche, Jourdan, Kléber, Augereau!... je vous apprendrai à me redouter, je vous briserai!... (*A un aide de camp qui entre.*) Qu'y a-t-il?

L'AIDE DE CAMP. Un général chargé d'un message du Directoire.

PICHEGRU. Qu'il entre.

SCÈNE III.

PICHEGRU, HENRI.

PICHEGRU. Ah! c'est vous, jeune homme?... je vous croyais à l'armée de l'Ouest...

HENRI. Je suis appelé à un autre poste, général, et en m'y envoyant, le Directoire m'a remis une dépêche pour vous...

PICHEGRU. Et j'espère qu'elle remplit les vœux que j'ai exprimés... J'espère qu'on accepte ma démission, et qu'il me sera permis enfin de me retirer dans la vie civile et de me livrer au repos...

HENRI. Oui, général, votre démission est acceptée...

PICHEGRU, *surpris.* Ah!... (*Se reprenant.*) Enfin!... (*Il prend la dépêche, que lui remet Henri. — Après l'avoir parcourue.*) — Je rends grâce au Directoire; je suis libre, et il n'y perd rien... il a tant de généraux à sa disposition!.. A propos, quel est mon successeur?

HENRI. Hoche, général...

PICHEGRU. Ah!... En vérité, c'est notre destinée de nous remplacer continuellement l'un l'autre... Ah! c'est lui qui va commander l'armée du Rhin?...

HENRI. Oui, général; mais le Directoire a décidé que cette armée serait réunie à celle de Sambre-et-Meuse, et qu'Hoche disposerait de ces forces combinées.

PICHEGRU. Voilà un superbe commandement!... avoir sous sa main, à vingt-sept ans, les légions formées par Jourdan et par Pichegru!... Diable!... c'est là prendre une grande responsabilité...

HENRI. Général, Hoche à vingt-sept ans, est déjà vieux si l'on compte ses victoires, et l'armée de Sambre-et-Meuse, en le demandant pour chef, ne s'est pas inquiétée de sa jeunesse.

PICHEGRU. Et comment se porte-t-il?... On m'a dit que depuis son retour de la Vendée, il était fort souffrant?...

HENRI. C'est vrai, général; mais peut-être le manque d'activité... J'aime à croire, du reste, que ce commandement superbe, ainsi que vous l'appelez, lui rendra sa santé d'autrefois.

PICHEGRU. Et quand viendra-t-il se mettre à la tête des deux armées?

HENRI. Dans trois jours... (À part.) Et même plus tôt, j'en suis sûr!

PICHEGRU. Eh bien, j'attendrai son arrivée pour faire mes adieux à ceux que je commande encore... Où allez-vous, jeune homme?

HENRI. Général, je vais joindre ma brigade de l'armée de Sambre-et-Meuse!... J'ai peu de chemin à faire, car l'ordre est arrivé de réunir toutes les troupes aux environs. (Il salue.)

SCÈNE IV.

PICHEGRU, puis LENOIR, UN INCONNU, HERMINIE.

PICHEGRU, seul. Dans trois jours, a-t-il dit?... Dans trois jours, il sera ici, lui, cet homme que j'ai toujours trouvé sur mon chemin!... Et alors je ne pourrai plus rien, je ne serai plus qu'un ci-devant général!... Oh! le Directoire, comme il m'a pris au mot!... Comme il me rejette, ainsi qu'un instrument inutile!... Fou que je suis d'avoir refusé une entrevue avec cet envoyé!... Ah! si Lenoir pouvait arriver à temps!

LENOIR, entrant. Général...

PICHEGRU. Ah! enfin, te voilà!

LENOIR. Ce n'est pas sans peine, mais malgré votre refus, ils ont voulu revenir...

PICHEGRU. Eh b'en?

LENOIR. Ils sont là...

PICHEGRU. Qu'ils entrent!

L'INCONNU. Général, permettez-moi de complimenter...

PICHEGRU. Pas de compliments, monsieur, nous n'avons pas le temps de nous flatter les uns les autres... Madame!... Tiens-toi près

de la porte, Lenoir, et avertis si tu entends venir. Je ne veux pas d'autres précautions... un air de mystère serait trop dangereux...

HERMINIE. Eh bien, au fait, général... Le moment est venu, je crois... Depuis que j'ai quitté la Vendée et que je suis de retour aux bords du Rhin, j'ai fait tous mes efforts pour amener un rapprochement entre le prince de Condé et vous, général, vous qui pouvez mieux que personne renverser le Directoire.

PICHEGRU. Silence, madame... Mais vous, monsieur, si vous n'avez pas...

L'INCONNU. Un talisman?... Tenez, général, reconnaissez-vous l'anneau du prince?...

HERMINIE. Celui-là même que j'ai indiqué pour vous servir de signe.

PICHEGRU, après avoir examiné l'anneau. Oui... Mais ceux qui vous envoient n'écrivent jamais!...

L'INCONNU. Pardon, général, et voici sa signature. (Il montre un papier.)

PICHEGRU. Voyons, monsieur!... Veille bien, Lenoir.

LENOIR. Soyez tranquille, général... nous y sommes tous intéressés.

L'INCONNU. Les conditions qu'on vous accorde...

PICHEGRU. Me paraissent convenables... Quant à celles qu'on m'imposent, il y en a d'impossibles... En vérité, ils ne connaissent rien à ce qui se passe. Voici ce que je puis faire... Je prends avec moi un corps d'élite sur lequel je crois pouvoir compter; je passe le Rhin, je me joins à ceux qui vous envoient, et, de là, je me mets en chemin vers la capitale... Acceptez-vous? avez-vous mandat pour accepter?...

L'INCONNU. Oui, général, et quoique vous n'ayez pas consenti à toutes les conditions dont j'étais porteur, le traité est conclu... Écrivez à votre tour et signez le contrat!...

PICHEGRU, prenant une plume que lui présente l'Inconnu. Soit, monsieur!... (S'arrêtant au moment de signer.) Écrire, signer de mon nom, de mon nom, à moi, Pichegru!... (À part.) Une voix secrète me rappelle à mon hésitation!... Il me semble que j'ai là, sous mes yeux, un arrêt terrible, ineffaçable, infamant!... (Il garde le silence et demeure immobile.)

HERMINIE. Pichegru!...

PICHEGRU, tressaillant. Que me voulez-vous, madame?...

HERMINIE. Retomberiez-vous dans vos hésitations?... faut-il vous rappeler ce que vous oubliez, sans doute!... Le Directoire vous soupçonne, et il n'est pas tellement énervé qu'il ne suive quelquefois les foudroyantes inspirations du Comité de salut public!...

PICHEGRU. Le Directoire!... oh! je puis

être son ennemi, mais je ne serai pas sa victime !... (*Il signe et remet le papier à l'inconnu; Lenoir s'est rapproché.*)

LENOIR, L'INCONNU, *et* HERMINIE. Enfin !... (*Au moment où Pichegru signait, un homme, enveloppé d'un manteau, est entré silencieusement, et s'est arrêté sur la porte. — C'est Hoche; l'inconnu a pris le papier des mains de Pichegru; Hoche lui saisit fortement le bras et s'empare du papier.*)

HOCHE. Donnez, monsieur, donnez !...

TOUS. Hoche !...

SCÈNE V.

LES MÊMES, HOCHE.

PICHEGRU. Comment !... chez moi !...

HOCHE. Pardon, général, si j'en ai agi sans cérémonie... le Directoire avait hâte de mettre fin à cette intrigue dans laquelle on avait cru vous enlacer...

PICHEGRU. Mais, général...

HOCHE, *bas.* Attendez au moins que nous soyons seuls, si vous voulez me parler. (*A l'inconnu.*) Pichegru s'est moqué de vous, monsieur... Un général français ne trahit point sa patrie... Portez cette réponse à ceux qui vous ont envoyé...

LENOIR, à *part.* Je crois qu'il est temps de sortir... (*Il va pour sortir, et rencontre Henri qui le repousse d'un geste.*) Ah !...

HOCHE, *à l'inconnu.* Je pourrais vous faire fusiller... c'est la loi de la guerre, c'est le droit des nations !...

L'INCONNU. Mais...

HOCHE. Silence !... oubliez-vous donc que je viens de vous prendre en flagrant délit ?.. Henri !... (*au moment où Henri s'avance, Lenoir va encore pour sortir, mais Henri le ramène en scène d'un geste vigoureux.*)

LENOIR, *à part.* Pas moyen !... Qu'est-ce que ça va devenir ?...

HOCHE, *désignant l'inconnu.* Tu vas confier cet homme à deux soldats qui le conduiront au delà de nos avant-postes... Et voici leur consigne... S'il fait un mouvement pour s'échapper, s'il dit un mot, qu'on le tue !... (*Lenoir va encore pour sortir.*)

HENRI, *le retenant.* Et lui ?...

HOCHE. Lui !.. qu'il soit mis en état d'arrestation et qu'il rende compte de tout l'argent qu'on trouvera dans ses coffres.

LENOIR, *à part.* Comme j'ai bien fait de placer mes fonds à l'étranger ! (*Il sort avec Henri et l'Inconnu.*)

SCÈNE VI.

HOCHE, PICHEGRU, HERMINIE.

HERMINIE, *à part.* Ah ! je ne croyais pas qu'il aurait la force de revenir !

PICHEGRU, *à Hoche qui s'est assis.* Eh bien, vous l'emportez !.. La ruse vous a réussi; c'est pour me perdre que vous avez

devancé le moment de notre entrevue... Qu'allez-vous faire de votre ennemi vaincu, désarmé ?..

HOCHE. Mon ennemi !... je n'ai jamais été le vôtre, moi... Mais, sachez-le bien, si ce que vous alliez faire avait pu avoir des suites funestes pour la France, je vous aurais tué sans merci, sans pitié !...

PICHEGRU. Point de paroles inutiles !.. je ne me justifie pas !.. je ne relève que de moi-même !.. comme autrefois le connétable de Bourbon, je porte mon épée où il me plaît, et contre un gouvernement injuste, tyrannique, et bientôt impuissant !...

HOCHE. Pichegru vous cherchez à vous tromper vous-même !.. vous vous attaquez au Directoire, et ce n'est là qu'un faux fuyant !.. et la patrie, Pichegru, la sainte cause de la patrie !.. ne dites rien, madame vous ne comprenez pas !.. Eh quoi ! lorsque nos soldats, pieds nus, sans pain, ne songent qu'à vaincre ou mourir pour notre drapeau, vous que la République a honoré du commandement, vous allez faire cause commune avec l'étranger !...

PICHEGRU. Assez ! je vois que cette arme que vous avez contre moi, je vois que cet écrit...

HOCHE. Cet écrit, croyez-vous donc que je veuille m'en servir?.. Croyez-vous que j'aille jeter une tache sur l'uniforme de général français !.. Enfant du peuple comme vous, ce n'est pas moi qui marquerai d'un signe infamant la page qui vous est destinée dans l'histoire de sa régénération !.. Je sais quelles passions aveugles vous ont détourné de votre route, et je ne veux pas oublier que je parle au conquérant de la Hollande !.. (*Il déchire le papier.*) Quant à vous, madame, quittez la France et n'y rentrez jamais... Sinon, je le jure, rien ne pourra vous soustraire à un châtiment mérité !...

HERMINIE. Adieu donc !.. triomphez... écrasez-moi de vos mépris; (*à part*) mais, je le vois, ton triomphe sera de courte durée. (*Elle sort.*)

PICHEGRU. Hoche, je me suis ôté jusqu'à la ressource d'être dangereux !.. Voici mon épée !..

HOCHE. Votre épée !.. Non !.. Gardez-la, Pichegru, et puissiez-vous, un jour, vous en servir loyalement contre les ennemis de la France !...

PICHEGRU. Adieu !...

HOCHE. Adieu !...

SCÈNE VII.

HOCHE, *puis* HENRI, DELLART, PLATERPOOPP, OFFICIERS, UN SOLDAT, SOLDATS DE SAMBRE ET MEUSE.

HOCHE, *seul.* Ah ! qu'il m'en a coûté pour remuer toutes ces fanges !... et combien cet effort a augmenté ce malaise qui me consume, m'accable, et résiste à ma volonté !... (*Il tombe assis.*) Oui, ce mal inconnu qui me dévore, semble défier ma jeunesse, les secours de la science et les soins de ma chère Louise !.. (*Au dehors musique jouant un air patriotique.*) Ah ! cette musique me fait du bien !... Elle me réveille, elle m'aide à surmonter la douleur !... (*Il écoute, et en ce moment,* HENRI, DELLART, PLATERPOOP, *des* OFFICIERS *et des* SOLDATS *entrent en silence et se rangent au fond.*)

HENRI, *s'approchant de Hoche.* Frère ?...

HOCHE. Qu'y a-t-il, Henri ?..

HENRI. Regarde !... Des compagnons d'armes envoyés vers toi par l'armée de Sambre-et-Meuse, qui vient se joindre à l'armée du Rhin.

HOCHE, *se levant péniblement et s'appuyant sur Henri.* Merci !.. Il me tardait de me trouver parmi vous !... mes braves.

PLATERPOOP. Oui, fils, et nous espérons que nous resterons longtemps ensemble, savez-vous ?

HOCHE. Oui, mes enfants, je suis bien invalide pour un général en chef ; mais rassurez-vous ; je suis jeune et je ne veux pas mourir dans mon lit. Nous nous verrons encore, et bientôt, je l'espère, en face de l'ennemi. Soldats de Sambre-et-Meuse, dès demain j'espère vous mener à la victoire.

HENRI. Grand Dieu ! Qu'as-tu ?

HOCHE. Rien... une douleur passagère. Ah ! mon Dieu, donnez-moi de la force !... (*Il sort soutenu par Henri. — Changement.*)

Dix-neuvième Tableau.

SCÈNE PREMIÈRE.

Une plaine ; à droite et à gauche, quelques maisons, les Prussiens occupent le côté droit du théâtre ; au fond leur artillerie est rangée en bataille sur une élévation ; à gauche, sont les Français ; après une vive fusillade, la cavalerie Française charge la cavalerie Prussienne ; la mêlée devient générale ; mitraillés par l'artillerie ennemie, les Français sont un instant forcés de lâcher pied, Hoche arrive rallie ses soldats, les Prussiens fuient en désordre.

HOCHE, *à cheval.* Soldats, vous hésitez !.. mais ils sont à nous... à nous... marchons... suivez-moi !...(*Il va pour sortir le sabre haut, quand tout à coup sa main s'abaisse ; on le voit ployer sur la crinière de son cheval et chercher à se redresser avec effort, puis il tombe dans les bras de quelques soldats, on place à terre Hoche évanoui ; le combat continue hors de la scène, des chirurgiens arrivent et s'empressent.*)

UN CHIRURGIEN. Le général Hoche n'est pas blessé.

TOUS. Ah !

LE CHIRURGIEN. Non, non, il n'est qu'évanoui. [*Il fait respirer un flacon à Hoche, celui-ci rouvre les yeux et regarde autour de lui avec étonnement.*]

HOCHE. Qu'y a-t-il ? où suis-je donc ? mais il me semblait que l'ennemi... oui, sans doute, nous le poursuivions tout à l'heure.. Eh quoi ! je ne suis plus sur le champ de bataille ?

LE CHIRURGIEN. Général, vous êtes souffrant, il faudrait...

HOCHE. Il faut... il faut que je retourne à mon poste... que je rejoigne mes braves... Où est mon cheval ?.. (*Il s'appuie sur le chirurgien et fait des efforts inutiles pour monter à cheval.*) Ah ! plus de force...et ma volonté, mon énergie, restent impuissantes. Soldats !.. soldats !..(*Cris de joie dans la coulisse.*)

SCÈNE II.

LES MÊMES, HENRI.

HENRI, *accourant.* Victoire ! victoire ! (*Toute la cavalerie et l'infanterie rentrent en scène avec Henri ; fanfares.*)

HENRI. Mon frère, mon frère ! l'ennemi fuit en désordre... nous avons pris toute son artillerie.

HOCHE. Merci, mon Dieu, merci ! encore un triomphe pour la patrie ! (*Il fait un pas et tombe dans les bras de Henri.*)

LE CHIRURGIEN. Encore évanoui...

HENRI. Ah ! docteur, espérez-vous le sauver ?

LE CHIRURGIEN. Hélas, tous mes soins sont inutiles, le mal qui le dévore... c'est le poison.

HENRI. Le poison !

HOCHE, *se ranimant.* Soldats ! venez, entourez-moi !... que je contemple encore cette brave armée de Sambre-et-Meuse que j'étais si fier de commander !.. approchez, approchez... ce drapeau si souvent victorieux... que je l'embrasse une dernière fois !.. mes amis... qu'il me serve de linceul... Henri... Louise !.. mon dernier vœu pour... pour la France !.. (*Il meurt ; roulement de tambours, un général prussien entre entouré de son état major.*)

LE GÉNÉRAL PRUSSIEN, *à Henri.* Général, la France vient de perdre un de ses plus grands capitaines ; nous venons nous joindre à vous pour honorer sa mémoire.

HENRI. Oui, Hoche est mort, pleurons sa perte. Mais n'oublions pas que le héros qui meurt pour sa patrie revit dans la postérité. (*Musique funèbre, les Prussiens abaissent leurs drapeaux, les soldats présentent les armes.*)

FIN.

Paris.—Imprimerie de Mme veuve Dondey-Dupré, rue Saint-Louis, 46, au Marais.

- GUERRE DE L'INDÉPENDANCE (la), drame en 5 actes.
- GUERRE DES FEMMES (la), idem.
- HALIFAX, comédie 3 actes, par Alex. Dumas.
- HENRI DE LYON, drame
- HOMME DU MONDE (l'), drame 5 actes.
- HONNEUR DANS LE CRIME (l'), drame en 5 actes
- HONNEUR DE MA MÈRE (l'), drame en 3 actes
- INDIANA, drame en 5 actes.
- ILE D'AMOUR (l'), com. vaud. 3 actes
- IL FAUT QUE JEUNESSE SE PASSE, com. 3 actes.
- IMPRESSIONS DE VOYAGE (les), vaud. 2 actes.
- INDIANA ET CHARLEMAGNE, vaudeville en 1 acte.
- JAPHET à la recherche d'un père, Scribe.
- JACQUES LE CORSAIRE, drame en 5 actes.
- JACQUES CŒUR, drame en 5 actes
- JARVIS L'HONNÊTE HOMME, drame 2 actes.
- JEANNE DE FLANDRE, drame en 5 actes.
- JEANNE DE NAPLES, idem.
- JEANNE HACHETTE, drame en 5 actes.
- JE SERAI COMÉDIEN, comédie en un acte.
- JUIVE DE CONSTANTINE (la), drame en 5 actes
- LESTOCQ, opéra comique en 3 actes, par Scribe.
- LECTRICE (la), comédie-vaudeville en 2 actes.
- LÉON, drame en 5 actes.
- LUCIO, drame en 5 actes
- LOUISETTE ou la chanteuse des rues, c.-v., 2 a.
- LOUISE BERNARD, dr. en 5 a., par Alex. Dumas.
- LAIRD DE DUMBIKY (le), par Alex. Dumas.
- LORENZINO, drame, par Alex. Dumas.
- LESCOMBAT (la), drame en 5 actes.
- MADAME PANACHE, com. vaud. 2 actes.
- MANNEQUIN DU PRINCE (le), dr.-vaud. 3 actes.
- MARCO, com. 2 actes.
- MARGOT, vaud. 1 acte.
- MINEURS DE TROGOLFF (les), drame 3 actes.
- MONT BAILLY OU LA CALOMNIE, drame 4 actes.
- MISÈRE (la), drame en 5 actes.
- MAURICE ET MADELEINE, c.-v. en 3 actes.
- MARINO FALIERO, tragédie en 5 actes, par Casimir Delavigne.
- MARIE, comédie en 5 actes, par Mme Ancelot.
- MARI DE LA VEUVE (le), comédie en un acte, par Alex. Dumas.
- MARGUERITE D'YORK, drame en 5 actes.
- MARGUERITE DE QUÉLUS, idem.
- MARGUERITE, vaud. en 3 actes, par Mme Ancelot.
- MATHIAS L'INVALIDE, com.-vaudeville 2 actes.
- MADAME ET MONSIEUR PINCHON, vaud. 1 acte.
- MARCEL, drame en 5 actes.
- MONCK, ou le Sauveur de l'Angleterre, 5 actes.
- MAITRESSE DE LANGUES, vaud. en 1 acte.
- MARQUISE DE SENNETERRE, comédie 3 actes.
- MATHILDE ou la Jalousie, comédie-vaud. 2 actes.
- MONSIEUR ET MADAME GALOCHARD, vaud. 1 acte.
- MURAT, drame en 5 actes et 16 tableaux.
- MARI DE LA DAME DE CHŒURS (le), vaud. 2 actes.
- MARQUISE DE PRÉTINTAILLE (la), vaud. 1 acte.
- MADELEINE, dr. 5 actes, A. Bourgeois et Albert.
- MANOIR DE MONTLOUVIERS (le), drame en 5 actes.
- MAIN DROITE ET LA MAIN GAUCHE (la), drame en 5 actes, par Léon Gozlan.
- MADEMOISELLE DE LA FAILLE, drame en 5 actes.
- MOULIN DES TILLEULS (le), op.-com. en 1 acte.
- MAITRE D'ÉCOLE (le), comédie-vaudeville 2 actes.
- MÉMOIRES DU DIABLE (les), c.-v. en 5 actes.
- MARCHÉ DE SAINT-PIERRE (le), idem.
- MARGUERITE FORTIER, idem.
- MILLE ET UNE NUITS (les), féerie 3 actes 16 tabl.
- MEUNIÈRE DE MARLY (la), com.-vaudev. en 1 acte.
- MONSIEUR LAFLEUR.
- NAUFRAGE DE LA MÉDUSE (le), drame en 5 actes.
- NAPOLÉON BONAPARTE, drame en 6 actes, par Alex. Dumas.
- NONNE SANGLANTE (la), drame en 5 actes.
- NOUVEAU JUIF-ERRANT (le), comédie 3 actes.
- OFFICIER BLEU (l'), drame en 5 actes.
- ORPHELINS D'ANVERS (les), idem.
- ORANGERIE DE VERSAILLES (l'), com.-vaud. 3 actes.
- OUVRIER (l'), drame en 5 actes, par Fréd. Soulié.
- PARISIENNE (une), com.-vaud. 2 actes.
- PHILIPPE III, tragédie 3 actes.
- PARIS AU BAL, vaudeville 3 actes.
- PARIS DANS LA COMÈTE, revue 3 actes.
- PESTE NOIRE (la), drame 5 actes.
- PAYSAN DES ALPES (le), drame en 5 actes.
- PAUL JONES, drame en 5 actes, par Alex. Dumas.
- PAUVRE MÈRE, dr. en 5 actes, F. Cornu, Auger.
- PÈRE TURLUTUTU (le).
- 1res ARMES DE RICHELIEU (les), c.-v. en 3 actes.
- PROSCRIT (le), drame en 5 a., par Fréd. Soulié.
- PAUVRE FILLE, idem.
- PASCAL ET CHAMBORD, com.-vaud. en 2 actes.
- PAMÉLA GIRAUD, drame en 5 actes, par Balzac.
- PAUL ET VIRGINIE, drame en 5 actes.
- PARIS LA NUIT, idem.
- PARIS LE BOHÉMIEN, idem.
- PLAINE DE GRENELLE (la), drame en 5 actes.
- PENSIONNAIRE MARIÉE (la), vaud. en 2 actes, Scribe.
- PERRUQUIER DE L'EMPEREUR (le), drame en 5 actes.
- PIERRE LEROUGE, com.-vaud. en 2 actes.
- PILULES DU DIABLE (les), féerie en 18 tableaux.
- PETITES MISÈRES DE LA VIE HUMAINE (les), vaudeville en 1 acte.
- PETIT-TONDU (le), dr. milit. en 3 actes 10 tableaux.
- TAUNEAU DE TOURS, vaudeville en 1 acte.
- PAULINE, drame en 5 actes.
- PIED DE MOUTON (le), féerie.
- PRINCE EUGÈNE ET L'IMPÉRATRICE JOSÉPHINE (le), drame en 10 tableaux.
- PRUSSIENS EN LORRAINE (les), drame en 5 actes.
- 86 moins 1.
- QUATRE COINS DE PARIS (les), 5 actes.
- QUI SE RESSEMBLE SE GÊNE, vaudev. en 1 acte.
- QUAND L'AMOUR S'EN VA... vaudev. en 1 acte.
- RENAUDIN DE CAEN, comédie en 2 actes.
- RICHE ET PAUVRE, drame en 5 actes, par Emile Souvestre.
- RITA L'ESPAGNOLE, drame en 5 actes.
- ROMÉO ET JULIETTE, par Frédéric Soulié.
- RUBANS D'YVONNE (les), comédie en 1 acte.
- RALPH LE BANDIT, mélodrame 5 actes.
- RÉVOLUTION FRANÇAISE (la), 4 actes.
- RIGOBERT ou fais moi bien rire, com.-drame 3 actes.
- RAMONEUR (le), drame-vaudev. 2 actes.

RIGOBERT ou fais-moi bien rire, com.-drame en 3 actes.
RAMONEUR (le), drame vaudev. en 2 actes.
SALPÊTRIÈRE (la), drame en 5 actes.
SAC A MALICES (le), féerie en 3 actes.
SERVANTE DU CURÉ (la).
STELLA, ou la Forteresse du Mont des Géants, drame en 5 actes.
SANS NOM, folie-vaudeville en 1 acte.
SEPT CHATEAUX DU DIABLE (les), féerie en 5 actes.
SŒUR DU MULETIER (la), drame en 5 actes, par Bouchardy.
SEPT ENFANTS DE LARA (les), drame en 5 actes.
SONNETTE DE NUIT (la), folie-vaud. en 1 acte.
STÉPHEN, drame en 3 actes.
SOUS UNE PORTE COCHÈRE, vaudeville en 1 acte.
SIMPLETTE, vaudeville en 1 acte.
TACHE DE SANG (la), drame en 3 actes.
TRAITE DES NOIRS (la), drame en 5 actes.
TREMBLEMENT DE TERRE DE LA MARTINIQUE (le), drame en 5 actes.
TIRELIRE (la), vaudeville en 1 acte.
THOMAS MAUREVERT, idem.

TROIS ÉPICIERS (les), vaudeville en 3 actes.
TYRAN D'UNE FEMME (le), comédie en 1 acte.
TAILLEUR DE LA CITÉ (le), vaud. en 2 actes.
TÊTE DE SINGE (la), vaudev. en 2 actes.
TANTE B ABU (la), vaudev. en 3 actes.
TROIS LOGES (les), vaud.-v. en 3 actes.
TROIS ÉPICIERS (les), vaudeville en 3 actes.
TROIS MULETIERS (les), mélodrame 3 actes.
MAUVAISE NUIT EST BIENTOT PASSÉE (une), 1 acte.
MARIAGE SOUS LOUIS XV (un), comédie en 3 actes, par A. Dumas.
CHANGEMENT DE MAIN (un), comédie en 2 actes.
PASSION (une), vaudeville et 1 acte.
URBAIN GRANDIER, drame en 5 actes par MM. Alex. Dumas et Aug. Maquet.
VICOMTE DE GIROLÉE (le), com.-vaud. en 1 acte.
VAUTRIN, drame en 5 actes, par Balzac.
VENDREDI (le)
VENITIENNE (la), drame en 5 actes.
VOISIN (le), drame en 5 actes.
VOULOIR C'EST POUVOIR, com.-vaudev. en 2 actes.
ZANETTA ou jouer avec le feu.

CHEFS-D'ŒUVRE DU THÉATRE FRANCAIS, A 40 CENTIMES.

ATHALIE, tragédie en 5 actes.
ANDROMAQUE, tragédie en 5 actes.
AVARE (l'), comédie en 5 actes.
BARBIER DE SÉVILLE (le), comédie en 4 actes.
BRITANNICUS, tragédie en 5 actes.
CINNA, tragédie en 5 actes.
CID (le), tragédie en 5 actes.
DÉPIT AMOUREUX (le), comédie en 2 actes.
ÉCOLE DES FEMMES (l'), comédie en 5 actes.
FOLIES AMOUREUSES (les), comédie en 3 actes.
HAMLET, tragédie en 5 actes.
HORACES (les), tragédie en 5 actes.
IPHIGÉNIE EN AULIDE, tragédie en 5 actes.

MARIAGE DE FIGARO (le), comédie en 5 actes.
MAHOMET, tragédie en 5 actes.
MORT DE CÉSAR (la), tragédie en 5 actes.
MISANTHROPE (le), comédie en 5 actes.
MÈRE COUPABLE (la), comédie en 3 actes.
MÉROPE, tragédie en 5 actes.
MÉTROMANIE (la), comédie en 5 actes.
MALADE IMAGINAIRE (le), comédie en 3 actes.
OTHELLO, tragédie en 5 actes.
PHÈDRE, tragédie en 5 actes.
POLYEUCTE, tragédie en 5 actes.
TARTUFE (le), comédie en 5 actes.
ZAÏRE, tragédie en 5 actes.

PIÈCES A 60 CENTIMES.

PAILLASSE, drame en 5 actes, de MM. Hennery et Marc Fournier. 60 cent.
JENNY L'OUVRIERE, drame en 5 actes, de MM. Decourcelle et J. Barbier. 60 cent.
LA FILLE DU REGIMENT, opéra comique en 2 actes, de MM. Bayard et de St-Georges. 60 cent.

PIÈCES DIVERSES.

CLAUDIE, drame en 5 actes, et en prose, par Mme GEORGES SAND. Prix, 1 fr. 50 c.
FRANÇOIS LE CHAMPI, comédie en 3 actes, en prose, par Mme GEORGES SAND. Prix, 1 fr. 50 c.
HORACE ET LYDIE, comédie de PONSARD, jouée par Mlle Rachel. Prix, 1 fr. 50.
LE JOUEUR DE FLUTE, comédie en un acte, par M. E. AUGIER. Prix, 1 fr. 50 cent.

PIÈCES A 25 CENTIMES.

AH ! QUE LES PLAISIRS SONT DOUX ! vaudeville.
AUBERGE DE SCHWABBASCH (l'), pièce en 1 acte, par Alex. Dumas.
BONNE FILLE (une), comédie-vaudeville en 1 acte.
CAMILLE DESMOULINS, monologue dramatique.
CHATTERTON MOURANT, monologue.
CHERCHEUSES D'OR (les), folie-vaudeville.
CHUTE DES FEUILLES (la), proverbe en 1 acte, par Eugène Nus.
CONGRÈS DE LA PAIX (le), vaudeville en 1 acte.

CUISINIÈRE BOURGEOISE (la), vaudeville en 2 actes.
DERNIÈRE NUIT D'ANDRÉ CHÉNIER (la), monologue en un acte.
JEANNE D'ARC EN PRISON, monologue.
LANTERNE DE DIOGÈNE (la), monologue.
MORT DE GILBERT (la), monologue en vers.
ROSSIGNOL DES SALONS (le), vaud. en 1 acte.
TREMBLEUR (le), comédie-vaudeville en 2 actes.
VIE DE NAPOLÉON (la), récit en un acte.
VISION DU TASSE (une), monologue en 1 acte en vers.

Paris. — Imprimerie de Mme Ve DONDEY-DUPRÉ, rue Saint-Louis, 46, au Marais.